野球のメディア論

球場の外でつくられるリアリティー

根岸貴哉
Negishi Takaya

青弓社

野球のメディア論——球場の外でつくられるリアリティー

目次

装丁――Malpu Design［清水良洋］

凡例

［1］本書では、現「X」についてはすべて「Twitter」で統一する。また、「ツイート」（つぶやき）に関しても現在では「ポスト」、リツイートも「リポスト」となっているが、それらもすべて当時の表現のままで統一する。

［2］漢字は基本的に現行の字体に改め、旧仮名遣いは原文どおりに表記している。

［3］引用文中の（略）は省略を表す。

序章 「野球観ようぜ」

七時起床。今日の日本人選手の活躍を期待しながらＭＬＢ（メジャーリーグベースボール）の試合をチェックする。八時、高校野球中継をつけて朝ご飯を食べる。十時、第一試合終了。第二試合までの合間に、野球ゲームを進める。十時半、第二試合開始。第二試合終了後、第三試合が始まるまでにシャワーをすませ、第三試合を視聴。第三試合が終わったあと、第四試合までの間に野球漫画を読み、第四試合が終わるころには十八時になっている。今度は、高校野球とプロ野球を、テレビの二画面機能を使って並行して観る。十八時半に高校野球の第四試合が終わり、セ・パ両リーグの注目試合にチャンネルを合わせて二画面で同時進行で観ていく。回の合間に一球速報アプリをチェックし、注目度が高い中継にチャンネルを変え、観ながら晩ご飯をすませる。二十一時には試合展開が早いゲームは終了するので、終了次第別の試合を観る。ああ、明日も八時には起きて高校野球を観ようと思いながら就寝する。

どこまで一般的かはわからないが、いまどきの熱心な野球ファンは夏場にこのような生活をしているのではないだろうか。筆者もまた、中・高生のときは似たような生活を送っていた。近年では、高校野球の地方予選や東都大学リーグ、さらにはリトルリーグなどもインターネットやCS放送で視聴することができる。ディスプレーを複数台用意したり、パソコン上でウインドーを分けたりしてしまえば、多くの映像を同時に楽しむことができる。野球を観ながら野球ゲームをプレーし、野球漫画や雑誌、野球に関するコラムや記事を読むことだってできる。野球にあふれた生活。メディアはそれだけ野球にあふれている。野球場に行かなくたって、いつでも野球に接することができる。

しかし、それでも、「野球を研究しています」「趣味は野球です」「趣味は野球観戦です」などと言うと、だいたい「野球をやっていたの?」と聞かれる。野球は、プレーをしなくても、家にいながらにしてでも楽しむことができるというのに。

野球は様々なメディアを通して展開されている。プレーをしなくても、そして現地に行かなくても、いや、むしろプレーをせず、現地に行かないほうが、野球を楽しめる面もある。実際、野球をプレーする人よりも、あるいは現地で観戦する人よりも、メディアを通して野球を受容する人々のほうが多いはずだ。本書では、そうした引きこもりながら野球を楽しむ人々と、そのために発展してきた野球を伝えるメディア(雑誌、テレビ、ゲーム、漫画)を扱い、メディアを通してこそ伝わる野球の魅力と、野球を伝えるために発展してきたメディア側の工夫について論じていく。

いうまでもなく、スポーツには、「みる」と「する」という、大きく分けて二つの関わり方がある。近藤英男は、「みる」スポーツを「視覚構造」、「する」スポーツを「筋肉操作」と分けて議論を組み立てた。[1] 本書では当然、主に前者の「みる」スポーツに着目する。

さて、スポーツをみる（観る）という場合であっても、「現場で観る」のか、それともメディアを通して観るのかという問題もある。これについて山口誠は、野球を例に、「球場での野球」と「テレビで観戦する野球」を区別したうえで、テレビでの野球について論じ、スポーツとメディアの関係性を問うことの重要性について言及している。[2] 山口の指摘にもあるように、現代では多くの人々は、スポーツを「それ自体」としてではなく、メディアを通して受容している。現地での観戦では、会場のキャパシティーなどによって集客人数に限界があり、また遠方のファンなどはどうしても足を運びづらい。また、山口も指摘しているように、球場での観戦は「ボールは米粒より小さく見える」うえに、「打者に対峙する投手の表情も、投げた球種も、打者の表情も、ほとんど見えない」[3] のである。

そうしたなかで、我々はどうしてもメディアを通して野球を観ることになる。それはたとえば、新聞や雑誌、テレビなどのメディアになるだろう。そうしたスポーツ観戦の仕方について、三井宏隆らは、スポーツメディアを以下の四つに分別し、特性を論じている。すなわち、①新聞：写真と成績のよしあしと選手のストーリー、②雑誌：選手や関係者の個人的でプライベートな事柄、③テレビ：その日の主要なスポーツ（競技）の結果、④自伝：活躍の頂点を超えた直後の選手の語り、[4] である。なかでもテレビはメディアの中心的な役割を担ってきたが、その形態はBS放送やCS放送の導入によって変化してきたと橘川武郎らは指摘する。[5] こうした多様な放送形態は、多くのチャンネルを生み出すことになった。川喜田尚は、現代のテレビスポーツを、「多チャンネル時代のスポーツ専門放送」で詳細に論じている。川喜田によれば、二〇一二年時点で、「スポーツ番組の割合が百％またはそれに準ずる比率で編成されている」チャンネルは八つあるという。[6]近年では、インターネット放送なども増えていて、スポーツの映像はきわめて手軽で身近なものになっている。

本書では、数多くある野球を取り巻くメディアの変遷を整理したうえで議論する。これまで日本の野球史では、選手の記録などに関する研究と、野球の教育効果の歴史を探るような研究が中心だった。そうしたなかで、野球史のなかで重要視はされてきたものの深くは論じられてこなかった、メディアとの影響関係のなかでどのように野球が発展したか、あるいは野球を通してメディアはどのように発展したかに注目する。

そのために、各メディアによる野球の表現技法や表象を中心に明らかにしたうえで、それらの歴史や影響関係にまで論及する。野球は、テレビ、雑誌や新聞、漫画と、多くのメディアで中継・報道・表現されている。また、報道時間や中継時間も長く、表現される機会も多い。さらには歴史的にも、ラジオが登場した際には、日本初のスポーツ中継として野球が選ばれ、テレビでは実験放送に用いられるなど、メディアが登場する最初期から扱われてきた。場合によってはアメリカ発祥のスポーツなのにもかかわらず、「野球」を日本特有の文化としてみなすことさえある。日本国内に限っても、これだけ多くの「野球」というコンテンツをめぐる表象がある。本書では、そうした日本の野球を取り扱っていく。

野球は、もちろん、先に述べたような「する」や「みる」という楽しみ方だけにとどまるものではない。たとえば、「応援」もその形態の一つといえる。[7] 加えて、みるという点に限っても、様々な様態がある。

たとえば、野球にはスコアや記録を中心に様々なデータがある。野球は「数のスポーツ」であるという指摘もたびたびなされているとおり、[8] 打者であれば、打率、本塁打、打点、出塁率などから、近年では「セイバーメトリクス」という観点から、OPS(On plus slugging、出塁率と長打率を足したもの)やIsoP(Isolated power、長打率と打率の差)という指標まで幅広い。[9] 投手でも同様に、防御率や勝率、勝ち数にセーブ数、奪三振数などの主要なものから、同じくセイバーメトリクスの登場によって注目が集まった、WHIP(Walks plus Hits per Inning Pitched、一イニングあたりに出すランナーの数)、K/BB(Strikeout to Walk ratio、奪三振数と四死球の差)などがある。このような、詳細なデータをとりながら享受する野球への接し方が、一方にある。

他方で、「連続試合出場」や「第何代巨人軍四番」のように、メディアは歴史と記録をたびたび取り上げる。もちろん、ファンもそうしたプレー以外にみられる記録や歴史、データを享受していると考えることができる。新聞や雑誌は、そうした記録やデータを詳細に紹介しながら、またときとして選手のサイドストーリーなどの「物語」を記述し、「読まれる野球」として提供する。二〇二四年現在でもいくつかの新聞社がプロ野球の親会社になっていることからも、新聞の影響力は間違いなくあるだろう。

本書でも、新聞というメディア自体の特性について論じることはしないが、過去の事例や記事などを多く参照する。また、漫画や小説など「虚構」を扱うメディアでも、野球は題材になり、受容されている。本書では、文字としての情報はあるものの、そこに視覚的な共通性がもてないために小説は扱わないが、それでも確かに、ノンフィクション作品などをはじめとして、多くの「野球小説」がある。すなわち、「虚構」の世界でも野球は展開されている。

本書では雑誌、テレビ中継のカメラアングルと実況、野球ゲーム、野球漫画を取り扱う。なぜ、こうしたメディアを取り上げるのか。その理由は、野球というスポーツの特色に関わる。すでに指摘したように、野球は今日、様々なメディアで報道され表現されている。現地でおこなわれている野球や、するスポーツとしての野球よりもむしろ、そうしたメディアを通してみられる野球としての面が強くなっている。

前述したような特性の違いがあるなかで、それぞれのメディアはどのように発展していったのか。以上の点を明らかにするために、本書では、以下のような章立てで進めていく。

第1章「雑誌で野球選手はどのように表されたのか――雑誌「野球界」の写真とイラストを中心に」では、「野球界」（野球界社）という野球雑誌を取り上げる。これまで、大正期から昭和初期の野球については、様々な観点から研究されてきた。また、運動技術史やメディア史のなかでもたびたび言及されてきた。しかしながら、そうしたなかでも、野球の「視覚文化」については明らかにされてこなかったといえる。本書で取り上げるように、野球雑誌には多くのイラストや写真がある。先行研究を紹介しながら、野球の視覚文化の重要性をあらためて指摘し、主な研究対象として扱う「野球界」がどのような雑誌なのか、またどのような重要性をもつのかを紹介する。そして雑誌「野球界」に掲載されていた野球写真と、写真が使われていた記事の文脈や撮影技法に関する記事を参照しながら、野球写真がどのようにして撮影されるべきものだったのかを考察していく。次いで「野球界」に掲載されていたイラストを紹介し、そこにある特徴を見いだしていく。論点を先取りすれば、そこには選手の「癖」に着目している傾向があり、そうした「癖」が野球表象で重要な役割を担っていたと考えられる。そのうえで、「癖」をはじめとした、「野球界」での選手のキャラクター化と、カメラの技術論を含めた動きへのまなざしについて述べていく。

第2章「野球中継でのカメラアングルの変遷とその影響」では、野球の中継を取り上げる。野球中継のカメラアングルはある時点を境に変化している。資料をもとに、変更された理由や変更後の影響などについて明らかにしていく。カメラアングルの変化は、野球の見方に、あるいは野球自体にどのような影響を与えたのか。また、近年では技術革新が進み、テレビ中継が野球自体に欠かせない存在にもなってきている。そのようにして、野球を観るということの主流が「現地での観戦」から「テレビ中継での観戦」になっていったことを示す。(10)

続く第3章「野球中継の言語分析——実況、解説、一般視聴者のピッチングフォーム批評からみえるもの」では、現代の選手の癖やキャラクター、動きを人々がどのような言語で評しているのかを明らかにする。これまで、野球へのイメージについては、高校球児「らしさ」などのように社会学的な調査から明らかにした研究が散見される。(11)陣内正敬は、高校球児の社会一般のイメージについて論じ、高井昌史は、男子高校生は大人の期待に沿うような行動をとる場合があると述べている。それでは、テレビでの実況、解説者、そして一般視聴者は、選手の動きをどのように評しているのか。投手の「ピッチングフォーム」に対するコメントを、NHKとBS朝日が放送したおよそ二百試合分からすべて取り上げ、言語の使用回数を測定したうえで、特徴的なものについて考察する。また、一般視聴者のコメントについては、「Twitter」(現「X」)で試合中になされたコメントを取り扱う。動きと言語の関係、そして放送局の狙い。本章ではそうした点に着目しながら、野球を伝えるあり方と、それを受容する者の関係性の一端を明らかにする。

続く第4章「野球のデジタルゲームの展開と構造」は、野球のデジタルゲーム(以下、野球ゲーム)の構造と展開について論じる。野球ゲームの画面構成を含めた発展のあり方は、ほかのメディアの影響を大きく受けている。野球ゲームは、基本的には現実にある野球というスポーツの模倣ではあるものの、そこにはゲームの独自性が見て取れる。ストーリーの問題や操作性の問題、また従来の野球中継ではできなかったカメラ位置や画面構造など、そこには様々な魅力がある。さらに野球ゲームでは、テレビ中継の画面構成や新聞という要素を取り込んでリアリティーを出している。また、同時に重要になるのが、実在選手の登場である。野球ゲームには実在の選手が登場することがあるが、それはどういう役割なのだろう。

そうした実在選手の重要性は、野球漫画でも同様に問題になってくる。実在選手は、野球雑誌や野球実況と同様に漫画でも「キャラクター化」されている。野球漫画では、実在する選手をどのように描くのか。「リアリティー」を演出するために、現実の野球といったいどのように付き合ってきたのか。肖像権などの問題が浮上するなかで、現実の野球と野球漫画の関係も変わっていった。そのなかで、漫画独自の選手や野球の描き方を第5章「野球漫画のなかの他メディアと実在選手――『巨人の星』と『ドカベン プロ野球編』を中心に」でみていく。

そして、第6章「メディアによって展開される「野球」」では、それまでに扱ったメディアを包括的に論じる。

それぞれのメディアは、どのような影響関係にあるのか。野球がメディアで多く取り上げられるなかで、受容者の側も複数のメディアから情報や表象を受け取り、厳選している。そうした状況で、メディア同士の相互性とそれぞれの相関関係を明らかにする。同時に、受容者同士のつながりのなかで知識やイメージが共有される。そこで受容者はメディアに対してイメージや報道の要求をする。マスメディアがそれに応えるために表象を変化させたり技術革新をしたりする事例もある。

また一言で野球の「視点」という際にも、野球のテレビ中継のカメラアングルなのか、それとも野球ゲームの視点なのか、あるいは、野球漫画にしか描けない視点なのか、それらはどのような影響関係にあるのか、を問うことになる。

ほかにも、野球のメディアがどのように選手をキャラクター化しているのかを様々なメディアを横断しながら考察する。それぞれのメディアには独自の特性がある。デジタルやアナログという要素だけで考えても、特定のメディア同士の関係性を論じることが難しい場合もある。すべてのメディアの関連性を論じきることはできないものの、野球の特性から様々なメディアの関係性について論じていきたい。

以上を通して、スポーツを「メディア」を通して観ることの重要性を指摘したい。スポーツ観戦に「メディア」という観点を導入することによって、観者の視線に共通性をもたせることができる。すなわち、人々がみる共通のスポーツ像・選手像などを、明らかにすることにつながる。また、多くのメディアの特性を、一つのスポーツを通して概観することによって、メディア同士のつながりまで明らかにすることが期待できる。

メディアを通して観る野球。それは必ずしも現実での野球をないがしろにするものではない。しかし、メディアを通してしか観られない野球があるのもまた事実である。そうした野球の見方を、すなわち現地に行かず、またプレーをせずとも、家のなかで観ることができる野球の魅力の一端を伝えることができれば幸いである。大谷翔平は、全国の小学生へ向けてグローブを贈った際、「野球しようぜ」と記した。それにならって、本書の狙いを一言でまとめよう。

「野球観ようぜ」

注

(1) 近藤英男「スポーツ美学とは何か――スポーツ美学の現代的意義」、体育原理研究会編『スポーツ美学論』(「体育の原理」第十号)所収、不昧堂出版、一九七六年
(2) 山口誠「「メディアの野球」の歴史に見る可能性と課題」、黒田勇編著『メディアスポーツへの招待』所収、ミネルヴァ書房、二〇一二年
(3) 同書三ページ
(4) 三井宏隆/篠田潤子『スポーツ・テレビ・ファンの心理学――スポーツが変わる、スポーツを変える、世界が変わる』ナカニシヤ出版、二〇〇四年

(5) 橘川武郎／奈良堂史『ファンから観たプロ野球の歴史』日本経済評論社、二〇〇九年
(6) 川喜田尚「多チャンネル時代のスポーツ専門放送」、前掲『メディアスポーツへの招待』所収、六七ページ
(7) だが、本書では「みる」ことを重点的に扱うため、こうした応援文化には立ち入らない。なお、野球の「応援」については高橋豪仁『スポーツ応援文化の社会学』（〔Sekaishiso seminar〕、世界思想社、二〇一一年）が詳しい。
(8) 梅原猛／小松左京／多田道太郎『野球戯評』講談社、一九七九年
(9) 鳥越規央／データスタジアム野球事業部『勝てる野球の統計学――セイバーメトリクス』（岩波科学ライブラリー）、岩波書店、二〇一四年
(10) 現地でもバックスクリーンなどに映されることもあるが、それも生でプレーを観る、というよりもテレビを中心にしたメディアの発達によるところが大きいだろう。
(11) 陣内正敬「高校野球・選手宣誓の時代性」「九州大学言語学論集」第三十二号、九州大学大学院人文科学研究院言語学研究室、二〇一一年、高井昌史「メディアの中のスポーツと視聴者の意味付与――高校野球を事例として」、日本スポーツ社会学会編「スポーツ社会学研究」第九号、日本スポーツ社会学会、二〇〇一年、一三七ページ

第1章　雑誌で野球選手はどのように表されたのか
――雑誌「野球界」の写真とイラストを中心に

1　視覚文化として語られない野球

野球に関する写真は、過去・現在を問わず、雑誌や新聞などの様々な媒体で多く掲載されている。しかし、それらを専門的に扱った研究や書籍は現状では少ない。写真や漫画の歴史では、野球は軽視されてきたといっても過言ではない。だからなのか、野球の「写真」に焦点を当てて専門的に語られる機会も少ない。野球史のなかでは、野球に関する記録や事件などをジャーナリストたちが中心になって明らかにしてきたが、写真は、多くが自明のものとして扱っていたようにも思える。

野球漫画に関しては、『戦後野球マンガ史』[1]で、米沢嘉博が戦後の野球漫画を中心にまとめている。そのなかには、当初は新聞や雑誌などの一コマ漫画だったという指摘はあるものの、その詳細については論じられていない。また、そうした一コマ漫画と野球漫画には確かな関係性があることは示唆されているものの、漫画の表現技法や写真との関係について明確には言及されていない。

そこで本章では、大正期から昭和初期にかけての雑誌「野球界」に掲載された写真とイラストという二つの表象物を取り上げて考察していく。雑誌「野球界」は、一九〇八年時点でその起源になるものが登場し、その後、一〇年代以降に野球専門誌、スポーツ専門誌として地位を確立していく。この「野球界」には、写真やイラストも多く掲載されている。つまり、日本の野球の「視覚文化」「みる／みられる野球文化」の最初期に位置付けられる。したがって、「野球界」の視覚文化を捉えることは同時に、日本での初期段階の野球像、野球視覚文化を捉えることにもつながる。

近年では、佐藤彰宣が『スポーツ雑誌のメディア史』[2]で同誌を取り上げている。佐藤もまた、「野球界」が初期の野球雑誌のなかで重要だと指摘しており、その後の野球雑誌の発展に大きく貢献した一方で、スポーツ史で見過ごされていた存在だと言及している。

本章では、長い歴史がある「野球界」のなかでも、大正期から昭和初期のものを主に取り扱う。その理由は、佐藤も指摘しているように、この時期は「野球界」が野球を中心に扱っていた時期だからだ。「野球界」は、第二次世界大戦の時期になると、「野球と相撲」などに改題し、敵性スポーツだった野球についての記事が減る。また、戦後になると「週刊ベースボール」（ベースボール・マガジン社）などの興隆によって「野球界」の売り上げは下降し、廃刊に向かう。佐藤によれば、「野球界」以外の野球雑誌も、「読む雑誌」から「みる雑誌」への転換がありながら、テレビなどのニューメディアの台頭によって凋落していくという。すなわち、「野球界」、さらには野球雑誌が最も華やかな時代は大正から昭和初期だったとまとめることができる。

大正期前後の「野球界」には、その後の野球雑誌をはじめとしたスポーツ雑誌の基礎がある。そこに掲載された写真やイラストもまた後続の雑誌や野球文化に大きな影響を与え、同時にそうした雑誌文化が野球の映像や視覚文化の基礎にあるともいえるだろう。すなわち、雑誌というメディアが盛んだった時代の写真やイラストについて考察することは、初期野球の視覚文化のあり方を示すことにもつながる。

さて、大正時代を野球史的な観点から概観すると、非常に重要な時代だといえる。大正時代に始まった国民的なイベントの一つが全国中等学校優勝野球大会（現在の全国高等学校野球選手権大会、通称・夏の甲子園）である。現在は阪神甲子園球場でおこなわれているこの大会は、豊中球場で一九一五年（大正四年）に初めて開催された。二四年（大正十三年）には、選抜高等学校野球大会（通称・春の甲子園、センバツ）が初開催され、また阪神甲子園球場も設立される。この球場の完成とともに、全国中等学校優勝野球大会は甲子園球場に舞台を移し、以降この大会の通称は「甲子園」になっていく。

加えて、プロ野球の始まりも大正時代にまでさかのぼることができる。日本運動協会（芝浦協会）は、現在の日本野球機構（Nippon Professional Baseball Organization、ＮＰＢ）とは全く別の組織だが、日本で初めてのプロ野球球団だとされている。

さらに、東京六大学野球連盟も大正時代に結成される。その前身の三大学リーグ（早稲田大学、慶應義塾大学、明治大学）も、大正時代である一九一四年に設立されている。六大学野球連盟は二五年に設立され、両者の応援が過熱したため明治期からおこなわれていなかった早慶戦も二五年に再開される。以降の野球の発展の歴史は、この連盟を中心に昭和まで語られることになる。

以上のように、この時代には、野球人気が高まるにつれて様々な野球組織や部が設立されていった。そうした時代に、大衆もまた野球に大きな興味を寄せるようになる。そこには、雑誌をはじめとして、メディアが野球を取り上げていったことも大きな要因として挙げられる。有山輝雄は、野球人気が高まる大正期の速報に関して以下のように述べる。

大会への人気が高まれば、当然、試合経過を一刻も早く知りたいという要求は高まってくる。「大阪朝日」は試合結果をいち早く知らせる号外を発行するなどしていたが、第十二回大会（一九二六年）では、中之島公園、京都円山公園にプレヨグラフと称する速報施設を設置した。プレヨグラフというのは、電話で知らせてくる試合の経過をグラウンドに模した盤面上に図示し芝居気たっぷりの説明をつけるもので、大人気を博し中之島公園の広場は群集で埋まり、「プレヨファン」という言葉も生まれたほどである。試合の速報への関心は無論だが、それ自体が、一種の芸能として楽しまれたのであろう。また出場校の地元など各地方でも速報の要望は高まり、大阪本社から各地通信部、販売店への電報電話で経過結果を速報したが、その代金が四千円にも達したという(3)。

大正時代にはまだラジオは普及していなかったために、「芝居気」を加えることによってエンターテインメント化したプレヨグラフとして、人々がリアルタイムでの速報を期待していたことがわかる。

また、当時の野球需要は、そのほとんどが学生野球だった。すでに述べたように、大正期は学生野球に関する組織が隆盛した時代である。また、プレヨグラフで速報されたのも現在の高校野球である。当時、プロ野球に関する報道はほとんどなかった。すなわち大正期という時代には、社会的にプロ野球（職業野球）は認められておらず、そのために経済的な苦難があった。そうした職業野球の成立過程については、綿貫慶徳が詳細に論じているため、[4]本書では詳述しない。

一方、学生野球には「スポーツ」以外に「教育」としての側面もある。大正期前後の野球と教育については、中村哲也[5]や田代正之、[6]菅野真二[7]が指摘している。それらはいずれも、「武士道野球」というスローガンや「野球統制令」を通して野球がどのような教育的価値とイデオロギーを担ってきたかということを論じたものである。このように、野球の教育論的な側面は多く論じられてきた。大正時代は野球というスポーツが文化として芽生え始め、また教育的な価値を含みながら日本に浸透して受容されていった時代と位置付けることができるだろう。

では、当時の大衆は、はたして野球の視覚文化の共通的なイメージをもっていたのだろうか。また、野球をめぐるメディアが発展した当初、雑誌という媒体はどのような役割を担っていたのだろうか。次節から、あらためて雑誌「野球界」を取り上げ、その一端にふれていくことにしよう。

2 雑誌「野球界」の概要

前節でふれたプレヨグラフをはじめ、当時、野球に関する情報は雑誌や新聞などの媒体で紹介・報道されていた。再三指摘しているように、そのなかでもとくに「野球界」は重要な雑誌である。

雑誌「野球界」は野球界社が刊行していた月刊誌である。一九〇八年から発刊されていた雑誌「月刊ベースボール」(野球研究会)が一一年に改題され、「野球界」になる。この雑誌は全国に流通していて、値段は現在確認ができている一八年(大正七年)の第九巻では一冊あたり二十銭程度であり、そこから物価の上昇とともに値上がりを続けた。その後は、時期によって例外はあるものの、だいたい百六十ページほどのものが七十銭程度で販売されていた。流通数は定かではないが、読者からの評価はおおむね好評だったことがうかがえる(8)。

「野球界」は、冠に「野球」とつくことからもわかるように、野球の専門誌である。ただし、水泳、サッカー、ラグビー、相撲なども扱う総合的なスポーツ雑誌でもあった。しかしながら、あくまでも雑誌の中心になるのは「野球」だったといえるだろう。

大正期から昭和初期にかけての「野球界」が扱っていた野球記事は、野球写真、試合の結果、合宿や宿舎での選手の様子、野球の技術論や野球の教育的価値について、選手の評価、メンバー表や選手のプロフィル、イラストなど多岐にわたっていた。また、スポーツ用品店の広告なども多く掲載されていて、読者層のほとんどが、野球をはじめとしたスポーツに興味がある層だったと考えられる。とくに、野球の技術論に関しては、大学野球の選手の話が掲載されているほか、外国（アメリカ）の記事が翻訳されることもあった。

他方で、選手の好みやプライベートを追うような記事もあり、編集部には女性ファンから「ファンレターを送りたいので、選手の宿舎の住所を教えてほしい」というような便りも寄せられている。こうしたことから、「野球界」の読者層は、野球をプレーする者から野球選手をある種アイドル視するような女性まで、幅広かったと考えられる。

ほかにも読者からは、野球以外のスポーツの記事を増やしてほしい、という要望がある一方で、そのほかのスポーツを減らして野球の記事を増やしてほしい、という要望も寄せられていた。こうしたことからも、広いスポーツファンが購読していた雑誌だからこその読者の期待が垣間見える。「野球界」では、前述した選手をアイドル視する読者に応えるようにして、表紙に野球選手のブロマイドのような写真が用いられる場合もあった。現在では、様々な需要に合わせて細分化された野球雑誌がある。選手をアイドル視するような「輝け甲子園の星」[9]「プロ野球ａｉ」[10]などの雑誌から、技術専門誌、さらには「Sports Graphic Number」[11]などの、スポーツの物語を読ませるような雑誌までである。しかし、この時代には多くの雑誌が発刊されていたわけではない。そのために「野球界」が、そうした役割のすべてを担っていた。それだけにとどまらず、「野球界」はほかのスポーツも取り扱うことによって、野球を中心にしながらも、総合的なスポーツ専門誌としての地位を確立していた。もちろん、テレビなどもない時代である。したがって、野球に関する専門的な情報は

「野球界」に集約されていた。

次節からは、雑誌「野球界」の誌上で実際に展開された、大正時代から昭和初期の野球の写真やイラストを例に挙げながら考察を深めていく。

3 「野球界」に掲載されていた野球写真

「野球界」にはどのような野球写真やイラストが掲載されていたのだろうか。掲載された写真のうち、まず目につくのは、表紙などに用いられるブロマイドのような写真である（図１―１）。こうした写真は、人気選手を中心に、表紙や中表紙など誌面の目立つ位置に配置され、ときにはカラー写真で掲載されていた。

図1-1　ブロマイド風の写真
（出典：「野球界」第9巻第9号、野球界社、1919年）

他方で、野球の試合中の写真は現在でも重要なものとして提示されることが多い。だが、「野球界」に掲載されている試合中に撮影されたと思われる写真の多くは、球場の全景を写しているだけで、何をプレーしているかはわからないもの、もしくは走塁中のものがほ

図1-2　野球試合写真
（出典：「野球界」第16巻第14号、野球界社、1926年）

図1-3　投手の写真
（出典：「野球界」第13巻第6号、野球界社、1923年）

とんどである（図１―２）。こうした写真には、いつ、どこで、どういった試合がおこなわれたのか、があわせて小さく記述されている。そうした写真が一ページに二、三枚大きく掲載され、誌面を独占していることが多い。このような写真が多い理由としては、カメラの性能が現在よりも劣っていることや、球場のなかに入り込めるスペースが少なかったことなどが挙げられるだろう。

さて、野球は、打撃、投球、守備、走塁などから構成されている。そのため、野球写真も、ブロマイドのようなものや全景を写したもの以外にも、多様な種類が掲載されている。

まず、投手の写真についてまとめていこう。投手の写真は、「振りかぶった姿」と「投げ終わったあとの姿」（図１―３）が多く、カメラの性能的な問題もあり、球を離す瞬間についてはほとんど確認できない。

また、写真をよく見ると、プレートがないことや、足元がマウンドになっていないことがわかる。

図1-4　打者の写真
（出典：「野球界」第15巻第4号、野球界社、1925年）

図1-5　外野守備の構え
（出典：「野球界」第15巻第5号、野球界社、1925年）

こうしたことから、これらの写真は基本的に練習中のものと考えられる。つまり、試合中に投手の写真は——全景写真に写り込んでいるものを除いて——ほとんど撮られていない。

それでは、打者の写真についてはどうだろう。こちらも、投手の写真と同様に、「構えている姿」や、「バットを振りきった姿」が多い（図1—4）。投手の写真で球を離す瞬間の写真が少なかったことからも推察できるが、打者の写真でも「ボールとバットが接触している瞬間」は捉えられていない。そして、投手の写真と同じく、マウンドではなくベンチ前などで投げているような練習中のものがほとんどである。

守備の写真はどうだろうか。こちらもやはり試合中の写真は撮られていない。おそらく試合前の守備練習などの様子のものばかりである。こうした写真の多くは、練習中に選手にポーズをとってもらうなどして撮影されたものではないかと考えられる。写真のポーズのなかには、現在の野球雑誌ではほとんどみられない、「外野守備の構え」（図1—5）、「フライをつかもうとする瞬間」（図1—6）などが見受けられる。また、一塁手が足を伸ばしてボールを捕球する瞬間や、ゴロボールを捕球しようとする姿勢などもある。このような、選手にポーズをとってもらって撮影した写真ではない臨場感があるものは、解像度が高くないことが多い。

また、なかには、野球の技術的な指導を目的として撮影された写真があり、記事には選手がどのように守備をするべきかと書かれていることもある。そこには、野球技術の向上という啓蒙的な面があるだろう。こうした記事は、当時、野球をしている者たちに人気があったと思われる。野球入門書のような役割を果たしていたのだろう。

一方で、選手がプレーをしている（と思われるような）写真では、記者が書いた選手の紹介記事を同時に掲載しているものもある。その場合には、選手の大学生活やインタビューなどとともに、「その選手らしい瞬間」を捉えた写真を使用することによって、選手のイメージを視覚的に明確に訴えかけようとしていたのではないだろうか。

図1-6　フライを捕る野手
(出典：「野球界」第15巻第3号、野球界社、1925年)

ここまで「野球界」に掲載されている写真と、その特色について述べてきた。技術的制約のもとではあるものの、「野球」をよりわかりやすく伝えるための努力が垣間見える。次節からは、「野球界」に掲載されていた野球写真の技術論を紹介しながら、当時の野球写真のあり方を考察していく。

4　野球写真の技術論

前節では、雑誌「野球界」の写真にどのようなものがあったのかを述べた。本節では、「野球界」に掲載された写真の意味を、もう少し深く考察していきたい。

野球写真の技術面に関しては「ベースボールプレイの撮影法[12]」という記事がある。この記事では「野球界」に多くの写真が掲載されるなかで、写真の技術論を中心に紹介している。このような野球写真の技術的な記事は――野球に関する写真が多く掲載される「野球界」ではあるものの――ほかに確認することができず、際立っている。また、「野球界」で展開される野球写真には、この記事での言及と重なる部分が多くある。そのため、当時の野球写真に関する代表的な記事と考えることができる。

記事では、野球がスポーツのなかでも写真を撮られるのに適しているとしたうえで[13]、野球写真をどのように撮るかを非常に細かく記している。記事を参照しながら議論を進めていくことにしよう。その記事には以下のような記述がある。

野球写真に二種類あります、其一は、姿勢写真であります、姿勢写真はプラクテイスの間にとり、プレイ写真は、ゲームの間にとるのであります。

姿勢写真は記録として用いられるのであつて、其意味に於ける価値は、大でありますが、興味は、大してありません。写真を撮る目的は、所謂写真に非ずして、根本に於いては、興味であります、其点から云ふと姿勢写真の興味はプレイ写真よりも少ないのであります。(14)


この記述からわかることは、野球の写真を練習中のものと試合中のものの二つに大別していることである。「姿勢写真」は、プラクティス、すなわち練習中に撮影するものであり、記録の意味があるという。解説などに用いられていた写真はこうしたものだろう。一方、写真自体が興味深いものであり、動きがどうなっているのか、また臨場感がある動きを撮影することができるプレー写真の価値を称揚しながらも、技術的な難しさからプレー写真が少ないと述べている。

現在では――選手のプライベートに迫るようなものを除けば――、撮影される写真の多くは試合中のものである。しかし、大正期前後には、そうした類別が重要だったことは興味深い。

記事では、さらに、野球写真を撮影する際に注意すべきことについて細かく言及している。該当部分を引用しよう。


F／四・五かF／六・三のレンズで、五百十分の一秒か百三十五分の一秒が、腕足、指等を明かに撮るのに適当でありますが、けれ共此スピードでは、ボールの動いてゆく所は撮れません。ボールの動いてゆく所迄撮るには、如何《どう》してもフォーカル、プレーン、シャッター（Foocal-

Plane- Shuttne）を使はねばなりません、速い球をとるには千分の一秒と云ふ所が、丁度いいのであります。但し打者に、二十フィート位の距離に接近出来れば、六百分の一秒位のスピードで、ボールが撮れませう。単に投手の姿勢をうつす丈けの目的ならば、七十五分の一から二百分の一秒位でもいいのであります。[15]

シャッターや絞りについての細かい言及からも、野球写真の需要の高さがうかがえる。また、動くボールを撮影する際には特殊なシャッターを使用するか、もしくは被写体に接近する必要があることが述べられている。こうした記述からは、当時の「動くもの」を捉えようとする関心の高さがうかがえる。

記事では以上のような技術論を展開したうえで、投手に対してはワインドアップで腕が頭上に上がった際やボールを投げ終わったあとを撮るべき瞬間であるとしている。[16]その理由としては、投手の癖が出やすいこと、また写真を撮影する際に顔がよく写ることなどが挙げられている。確かに、先に挙げた写真のように、そうした写真は「野球界」に散見される。

また、この記事ではMLBの投手の心情にまで言及している。それによると、MLBの選手は「実際のまま」に撮影されることを望んでいるため、写真を撮影する側も、なるべく「実際のまま」に撮影できるように心がけるべきだ、[17]というのである。このように記事では撮られる側の心情と、撮る側の心構えを説いている。アメリカ野球の投手にまで話が及ぶのも大変興味深いが、「写真」という語が「真実を写す」と書くように、「実際のまま」であることが望まれていたという点もまた注目すべき言及だろう。

さて、投手に対して非常に細かく記述している一方で、打者に対しての記述は非常に少ない。打者に関しては、左打者であればサードベース方面から、右打者ならファーストベースの方面から撮影するのが原則だとしている。[18]その理由としては、打者の「顔」が写るからである。また、先に紹介した特殊なシャッターのフォーカル・プレーン・シャッター[19]を用いれば、バットとボールが当たる瞬間を捉えることができるとある。しかし、当時の「野球界」には、ボールとバットが同時に写っているものや、打者の顔が鮮明に写された試合中の写真は見当たらない。こうした写真は、ほかの雑誌やアメリカの雑誌にはあったのかもしれない。あるいは、紹介したような記事の内容は、あくまでも野球写真を撮影する際の「理想論」だったとも考えられるだろう。

他方、守備の写真に関しては、どのような記述があるのだろうか。先の「ベースボールプレイの撮影法」には、内野手などを意味する「塁手を撮影する時の注意」という項目がある。そこには、外野手や内野手がフライを手を伸ばして捕球するさまは撮影しづらく、撮影の瞬間を少し間違えてしまえばたちまち変な――記事では「鴻の鳥が片足で立つて、グラブでボールを握つているような」――格好になってしまう、と書いてある。だから、そのような「変なポーズ」になってしまう写真を撮影するよりも、野手にボールを送球している瞬間だとか、送球を捕球する瞬間を撮影したほうがいい[20]、と記事ではまとめている。フライをつかもうとする写真や、球を受け止める写真なども雑誌上には一定数ある。それが滑稽な格好に見えるかどうかはさておき、当時は少なくともほかの野手へとボールを送球する瞬間や、送球されたボールを捕るような瞬間に価値を見いだしていたといえるだろう。確かに、そうした写真のほうが「動き」がある写真だというのは理解できる。

また、一塁手は、「比較的接近して、撮影することが出来る[21]」としたうえで、一塁ベースに片足をつけ、足を広げ、身体を伸ばしている場面は、素人でも楽に撮れるとしている。こうした写真は確かに「野球界」に数点確認することができるが、写真技術的な意味では「入門的な写真」ということもあり、点数は多くはない。

カメラの性能などの技術面にふれた次号では、同タイトルの記事で「グラウンドに於ける駆け引き」へと展開している。それによれば、「ホームプレート上のプレイは、よいベースボール写真となります」が、「私は、一ゲームの中に、誰でもホームで、二つのよい写真は得られぬと思っています」とあり、試合中にホームベース付近のものは基本的に「撮れないもの」として考えられていたようである。また、三塁でのプレーも同様に「一ゲームの中、三塁で、少なくとも四五回のよきプレイ或は、スベリ込みがあるのです[22]」と記されている。確かに、ホームベース付近の攻防や三塁ベース上での攻防の写真も掲載されているが、野球の試合全体からいっても、それらのプレーは多いものではない（図1―7）。掲載された写真はそうした数少ない「よいベースボール写真」として認められたものなのだろう。

つまり、この当時の「いい試合写真」は、ボールを投げる、打つというものではなく、塁上でのタッチプレーなどの攻防、走塁時のスライディングなどだったと想定できる。確かに、こうした写真は「野球界」にも多く掲載されている。ときには、先の塁上の攻防写真のように、砂煙が舞って何が起きているのか全くわからないものさえある。

現在では、砂煙が舞って何が起こっているのかわからないような写真が雑誌に掲載されることは、まずない。しかし、当時としては非常に「面白い」もしくは「興味深い」という印象を読者に与えたのではないだろうか。こうした砂煙から、新鮮味と同時に躍動感が伝わると考えられた可能性もあるだろう。

ここまでみてきた「野球界」に掲載されている打者のスイングや投手の投球に関する写真は、練習時のものである。つまり、「練習」と「試合」に区別したうえで、練習ではスイングや投球という現在の我々が想像するような「野球写真」または守備動作の写真を、試合では走塁やまさしく「試合でしかないような」タッチプレーの写真を撮るようにしていたと考えられる。

同時に、それは「走塁時」こそ野球の試合のエキサイティングな部分だった、という可能性もある。

図1-7　塁上の攻防写真
（出典：「野球界」第14巻第3号、野球界社、1924年）

練習写真の多さに関していえば、理想的な形（フォーム）は練習時に入念につくるもので、練習こそが大事であるという野球に対する思想的な側面もあったのではないか。明治時代には第一高等学校（旧制一高）が練習至上主義を掲げ、武士道野球の先駆けになっていた。そうした練習至上主義は、この時代の代表的な指導者である早稲田大学の飛田穂洲（飛田忠順）が継

図1-8　柳田選手捕手の形
（出典：「野球界」第16巻第4号、野球界社、1926年）

承し、より強固なものになっていったことを菅野が指摘している(23)。

以上のことを踏まえて、先に指摘したような「野球界」の影響力を考慮に入れれば、野球少年たちが「野球界」を参照して練習していたことは想像にかたくない。事実、「野球界」第十六巻第四号には、「柳田選手捕手の型」と題し、選手の守備の様子を「野球界」が独自に、ポーズをとってもらったうえで撮影したものが掲載されている(24)（図1―8）。

当時の野球指導者である飛田穂洲は、守備や練習に関して、正しい順序や姿勢でおこなうある種の「名人」の技を見ると、それは「滑らかで、華麗に映る(25)」としている。「野球界」でも、「華麗に映る」守備の姿勢の写真を通して守備の順序を解説する、という展開があったのではないか。つまり、練習に表出される「形」や姿勢を視覚的情報として伝えることは、野球少年をはじめとしたプレーヤーに対する啓蒙的な面もあったのではないだろうか。もちろん、それと同時に、視覚的なよさも求められていたと考えられる。

他方、写真の技術に対する細かい言及については、アマチュア写真家の活躍が背景にあると考えられる。前川修は、アマチュア写真家は一八八八年のコダック・カメラの発売とともに出現するとしたうえで、一九〇〇年には操作が安易な小型カメラ、コダック・ブローニーによって「写真を撮影する層の構造転換」が生じたとしている。[26] つまり、操作が容易な小型カメラの出現によって、多くのアマチュア写真家が登場し、多くのものが撮影の対象になっていった。そして、アマチュア写真家たちは、写真を通して知的な探求の実践をしていたという。[27] そのうえで、彼らアマチュア写真家たちにとって重要だったのは、哲学的もしくは美学的な考察、または技術を交換しあい、より深い知識を得ることだったとされている。[28] 以上のことを考慮に入れれば、「野球界」で展開されていた、細かい写真の技術論もうなずける。つまり、野球というスポーツが、哲学的・美学的考察の対象になり、また誌面を通して野球の撮影技術を交換していたのではないだろうか。そこには確かに、野球を写真を通して「みる」文化があったとまとめることができるだろう。

5　「野球界」のイラストの特徴と解釈

それでは、「野球界」に掲載されていたイラストはどのようなものだったのか。「野球界」には、挿絵のようにして、風刺画のようなものや選手をキャラクター化したようなものが掲載された。また、版画のようなものが中表紙として扱われることもあった。写真と比較すればその量は少ないものの、イラストも散見できる（図1―9、1―10）。

図1-9　若林忠志のイラスト
（出典：「野球界」第20巻第16号、野球界社、1930年）

こうしたイラストは、技術論や教育論としてではなく、選手の日常や試合中のしぐさ、印象などを伝える記事とともに配置されている。ときとして成績などを誇張するようにイラストで伝えることもあるが、選手を身近で、コミカルなものとして描き出している印象を受ける。そうした選手像を伝えるとともに、彼らを見るための野球観戦という方法さえ、「野球界」では推奨している。たとえば、のちに野球殿堂入りを果たす若林忠志選手に対しては、「何となく親しめる選手だ」[29]としたうえで、天真爛漫であること、また体格が立派であること、さらには帽子をよくいじり、パンツを吊し上げることなど癖が多く、イラストを描く者にとっては助かる存在であると記されている。[30]また、野本進という選手に対しては、体格は大きくないものの、ときに横を向いて「すます」表情をするという点が、かなり「漫画式」すなわち漫画的な存在であると述べられている。[31]

ここで注目したいのは、「癖」である。帽子をいじる、パンツを吊し上げる、横を向いてすました顔をする、という選手の「癖」に記事では着目している。そのうえで、それらを「漫画式」と捉えてイラスト化する。「漫画式」という表現からも、こうしたイラストは「一コマ漫画」的だとまとめることができるだろう。

選手の癖に関しては特集までされている。たとえば、「野球界」第十六巻第十号からは、読者の投稿によって「今春の六大学選手の癖物語」が掲載される。この記事の最後には、編集部によってこうした癖に関する投稿を歓迎する旨が書いてある。

さらに「野球界」第二十巻第十三号には、「六大学野球リーグ選手の癖一覧」という記事が掲載されている。この記事の筆者は、上司の依頼で六大学リーグ選手の癖について書くように言われ、それはプレーヤーをさげすむような目線になるのではないか、と心配をしていたけれども、雑談としての面白さがあることを認め、記事を執筆した、という旨が書かれている。[32] こうした記事の言及から考えるのであれば、「癖」に注目して野球を観る・報道するということが認知されていたといえるだろう。この記事でも若林は取り上げられ、「めまぐるしい癖のある人」[33]と評されている。

図1-10　ベーブ田中本塁打数
（出典：「野球界」第12巻第11号、野球界社、1922年）

若林はそうした評価からイラスト化されやすかったと考えられる。もちろん、彼の「顔」もまた表象しやすかった可能性もある。若林の写真やイラストは中表紙などにも使われるほど、「野球界」に非常に多くのイラストが残されている。また、同時期には、着物に野球選手が描かれている「野球柄」と称

されるものも存在していて、そのなかにも若林は登場している。(34)

いずれにせよ野球界でイラスト化された選手は、コミカライズされている。そしてそれらのイラストではユーモアを加え、癖を切り取り、選手を描き出している。つまり、イラスト化するにあたって、躍動感をもって「動いている」選手は描かれないのである。風刺的、もしくは癖などを捉えた選手像、またはバットにホームラン数が描かれた「成績」を強調したようなものがイラストになって提供されている。そうして選手をキャラクター化し、選手の好みなどの記事と合わせて身近なものとしての選手像を描き出す。

つまり、ここでも写真と同様に、動きの表象として選手が描かれることはない。選手の「癖」を中心に据え、すばらしい動きをする「選手」ではなく、人間味あふれる選手や「成績」などが誇張された選手像として描かれていく。そこには、試合の結果や動きをみるのとはまた違った、野球選手の技術を追うだけではない野球の見方があり、当時のファンが試合を観るうえでの楽しみ方の一つの様態を示しているといえるだろう。

6　雑誌「野球界」での選手の表象とファンの要望

ここまで、「野球界」の野球写真とイラストを紹介してきた。そうした野球の視覚表象は、いったいどのような意味をもっていたのだろうか。

「野球界」第十八巻第三号の「質疑応答」には、読者から、写真が鮮明になってきたのはうれしいが「汚い」写真が多いためにさらに努力してほしい、[35]という要望が寄せられている。またブロマイドがほしいので送ってほしい、という声も散見される。つまり、野球を視覚的に「みたい」という欲求がファンの間で高まっていた。

また、「質疑応答」には、選手たちの大学生活や、寮に入るためにはどうすればいいかなどの質問も多く寄せられている。こうしたことから、プレーのすばらしさや、高い技術をもち、その技術を啓蒙する過程で撮影される、ある種の憧れがあると同時にプライベートな野球選手の大学生活自体が、読者の憧れの的だった可能性がある。そのため、「野球界」の選手表象は、「プレーのかっこよさ」だけにとどまらず、選手そのものもまた、憧れの対象になっていたのではないか。うまいプレーは当然憧れの対象になり、またそうしたうまいプレーについては飛田の思想にあったように「華麗」だったり「滑らか」だったりと、ある種の視覚性や美的な感覚を伝えてもいた。写真と記事を通して、野球の技術と同時に、見た目の「よさ」を伝えていたとも考えることができるのではないだろうか。

また、選手の「癖」に着目するという点で、イラストはその選手らしさの表象として描かれ、「大学生」としての一面を押し出す一助になっていた。野球写真でも、ブロマイド風の写真などの一部の写真には、現代でいうところの、ある種のアイドルのように選手を扱う傾向があったと考えることができる。先にもふれたが、現代でも野球選手をアイドル視するような見方は存在する。「プロ野球a・i」などの雑誌はその筆頭だったし、独身選手の人気が結婚とともに下降する現象や、恋愛沙汰のスキャンダルが発覚することで人気が落ちるのは、選手の技術やプレーだけを見ているわけではないから、といえるのではないだろうか。

いずれにせよ、雑誌「野球界」の野球選手の表象は、写真では瞬間的なものや、動きを捉えるという方向性よりもむしろ、その前後の動きに焦点が当てられていた。そして、それらの前後に選手の癖や特徴を見いだしていた。また、現在ではみられない構図や発想の写真も多くあった。それらは、野球観戦の姿勢が異なることを示すものである。またそこには、当時の写真家たちの熱狂もうかがえる。それと同時に、読者の要望に応えながら、より「かっこいい写真」や選手をスター視するような写真、もしくは、そうしたスターが一堂に会する写真を求められ、それに応えるようなものを目指していたと考えられる。もちろん、そうした方向性は、選手の技術がすばらしいことに加え、技術の向上の記事、選手たちのプライベートに迫るような記事と合わせることによって、選手のキャラクター性をより強めていたと考えられる。そうして、野球写真とイラストは「野球界」という雑誌のなかで、相互補完的に選手のキャラクター性を強調し、多様な選手イメージを表出させていた。スポーツ選手の「技術」ではなくサイドストーリーなどを紹介するということは現代でも新聞や雑誌などで多くなされているが、選手のキャラクター化をはじめとした野球のプレーや技術以外への着目は、このように大正期に始まっていたのである。そして、それはメディアを通しておこなわれていた。

ここまで述べてきたように、写真にも、またイラストにも、「瞬間的」「決定的」なものは少なく、むしろイラストも写真と同様に、選手の癖を切り取り、その選手「らしさ」を描き出そうとしていて、動きの表象というよりも、むしろユーモアやコミカライズしたうえで「選手像」を記事と同時に伝えていた。

当時の野球のプレーに関する視覚的なイメージは走塁や守備の場面であり、それらは現代ではほとんど取り上げられない。しかし、選手像については、現在と通底している部分が多くある。たとえば、現代でもメディアではフォームや癖などの特徴から固有名詞がつけられる。たとえば、「神主打法」は、打つ前の「構え」に注目して名付けられているフォームである。また、野球雑誌などの表紙を飾る投手の写真にも、振りかぶった姿などがいまだに使用される。それらの根底には、大正から昭和初期にかけての「野球界」で展開されたような、大衆の野球イメージからつながっているものもあるのではないか。

換言すれば、当時の「野球界」は、写真やイラストなどの視覚的表象・イメージを通して、選手像としてのイメージを浮き彫りにさせる、あるいは増強させる雑誌でもあった。大正時代の野球イメージと現代の野球イメージとに通底している部分があるのは、当然「野球界」が展開した野球イメージが根底にあるからといえるだろう。

注

(1) 米沢嘉博『戦後野球マンガ史――手塚治虫のいない風景』(平凡社新書)、平凡社、二〇〇二年

(2) 佐藤彰宣『スポーツ雑誌のメディア史――ベースボール・マガジン社と大衆教養主義』勉誠出版、

二〇一八年
（3）有山輝雄『甲子園野球と日本人――メディアのつくったイベント』（歴史文化ライブラリー）、吉川弘文館、一九九七年、一二八ページ
（4）綿貫慶徳「近代日本における職業野球誕生に関する史的考察――新聞社主催による野球イベントの分析を中心として」「スポーツ史研究」第十四号、スポーツ史学会、二〇〇一年
（5）中村哲也「「野球統制令」と学生野球の自治――一九三〇年代における東京六大学野球を中心に」「スポーツ史研究」第二十号、スポーツ史学会、二〇〇七年
（6）田代正之「中等学校野球の動向からみた「野球統制令」の歴史的意義」「スポーツ史研究」第九号、スポーツ史学会、一九九六年
（7）菅野真二『ニッポン野球の青春――武士道野球から興奮の早慶戦へ』大修館書店、二〇〇三年
（8）「野球界」第十九巻第三号（野球界社、一九二九年）には「本誌一月号も御陰を以て好況で、各書店とも売切れました。愛読者各位の御後援に対して万謝します」とある。
（9）「輝け甲子園の星」日刊スポーツ出版社―ミライカナイ、一九七五年―
（10）「プロ野球ａ・ｉ」日刊スポーツ出版社―ミライカナイ、一九八八年―
（11）「Sports Graphic Number」文藝春秋、一九八〇年―
（12）レオナード「ベースボールプレイの撮影法」十條閑人訳、「野球界」第十三巻第六号、野球界社、一九二三年
（13）原文には「アメリカの種々な夏のスポーツの中で、ベースボール程、写真を撮るのによいものはありません」とある。同記事六四ページ
（14）同記事六四ページ

(15) 同記事六五ページ

(16) 同記事六四ページ。原文には、「(一)ワインド、アップ中に手が頭上にあがった時」「(二)モーションと共にボールを投げ終つた瞬間」とある。

(17) 同記事六四ページ。原文には、「大リーグの投手は、常に「実際のまま」と云ふことを望みます、この点は写真を撮るものも、心しなければいけません」とある。

(18) 同記事六四ページ。原文には、「打者が左利ならば、サードベースライン、右利ならば、ファーストベースラインに立つのが原則です」とある。

(19) フォーカル・プレーン・シャッターは、高速で切ることができるシャッターのこと。

(20) 同記事六四ページ。原文には、「良い写真は、外野手や塁手が、ハイボールを手を延ばして補つてゐる所を撮つてゐます、けれとも之れは、中々撮りにくくて、下手をゆくと鴻の鳥が片足で立つて、グラブでボールを握つてゐると云ふよやうな格構になつてしまひます」「こんなのを撮るよりかは、他の野手に、勢いよく投げるか、或は球を受けとめた時を撮る方がいいやうである」とある。

(21) 同記事六四ページ

(22) レオナード「ベースボールプレイの撮影法」十條閑人抄訳、「野球界」第十三巻第八号、野球界社、一九二三年、三四ページ

(23) 前掲『ニッポン野球の青春』。また、飛田が野球で「型」を重視する過程や思想については、拙文「飛田穂洲における「武士道野球」と「型」」(「Core Ethics」第十七号、立命館大学大学院先端総合学術研究科、二〇二一年)を参照のこと。飛田忠順『ベースボール 外野及び練習篇』実業之日本社、一九二八年

(24) 「野球界」第十六巻第四号、野球界社、一九二六年、中表紙。なお、このページの紹介文には、「前

早大選手柳田末男氏が、若き中学生諸君の為めに、型を示しされたものである。柳田選手が、毎号本誌に執筆せられつゝある記事と対照せられよ」とある。
(25) 前掲『ベースボール 外野及び練習篇』九五ページ
(26) 前川修「アマチュア写真論のためのガイド」、青弓社編集部編『写真空間1』所収、青弓社、二〇〇八年
(27) 同論考
(28) 同論考
(29)「野球界」第二十巻第十六号、野球界社、一九三〇年、一二八ページ
(30) 同誌三八ページ。原文には、「まことに天真爛漫で大きいところのある選手だ。癖の方から云っても、帽子をしよっちういじったり、パンツをつるし上げたり、漫画材料提供者の方からいっても三役所である」とある。
(31) 同誌三八ページ
(32) 素之助「六大学リーグ選手の癖一覧(一)」「野球界」第二十巻第十三号、野球界社、一九三〇年、三一ページ。原文には、「主幹から選手の癖即ち春のリーグ戦に活躍した人々の攻守何れかの癖をかけとの命令が出た」が、「私としては選手の癖をかくことはプレーヤーに対して罵評になるのではあるまいかと、一時はためらつたが、これもまアファンと共に雑談緑陰球話のつもりでかきます」とある。
(33) 同記事三一ページ
(34) 根岸貴哉/枝木妙子「アート・リサーチセンター所蔵友禅図案の〈野球柄〉についての考察」「アート・リサーチ」第十六号、立命館大学アート・リサーチセンター、二〇一六年

(35)「近来写真が鮮明になつて来た事は結構です。但し六大学のチーム揃へ等、我々の見たく思ふ写真はどうも汚いのが多い様です。一層のご努力を」(「質疑応答」「野球界」第十八巻第三号、野球界社、一九二八年、一五九ページ)

第2章　野球中継でのカメラアングルの変遷とその影響

1　メディアスポーツからみた野球中継の重要性

我々は、テレビ中継の野球をどのようにして観ているのだろう。「野球を観る」というとき、あなたはどんな場面を想像するだろう。球場で野球を観ている？　だとしたら、それはどこから？　それとも、テレビの画面で野球を観ている場面を想像しただろうか。

球場に比して野球のボールは小さい。野球のボールは直径七十三ミリ程度である。(1)東京ドームはグラウンドの面積が一万三千平方メートル、甲子園球場も約一万三千平方メートル程度ある。広大なグラウンド内を小さなボールが飛んでいく。

サッカーやラグビー、バレーボール、バスケットボールと比較すれば、野球のボールは明らかに小さい。他方、卓球やテニスなどのある程度小さなボールを扱う競技と比較すれば、野球のグラウンドは広い。このように、ボールとコート（グラウンド）の比率を考えたとき、明らかに野球はボールが小さい。だから、球場のやや遠い位置からその白球を追うことはなかなか難しい。実際に現地で野球観戦をしたことがある人は、野球のボールが小さいという意見には納得できるのではないだろうか。

そのため、我々はどうしても、メディアを通して野球を観ることになる。それは、近年メディアスポーツ[2]として社会的に注目され、研究も活発化している分野である。前章で取り上げた雑誌もその一部である。

メディアスポーツとは何か。『現代メディアスポーツ論』で橋本純一は、「すでにポピュラー・カルチャーとして大きな位置を築いているメディアスポーツは、人々のライフスタイルの創造と継承において、人々の統合と分裂において、また、政治的支配と開放をめぐる闘争において、さらには市場の形成と変容においてさえ、重要な意味と機能を有している[3]」と述べている。また早川武彦は、メディアスポーツはまだあいまいな概念であるとしたうえで、「「メディアスポーツ」を一つの「スポーツ」として捉えることで、はじめて「スポーツ空間」を問う意味が鮮明になり、「メディア論」ではなく（略）「スポーツ論」として俎上に上ることになる[4]」と指摘している。いずれにせよ、メディアスポーツはマスメディアを介して「視聴する」ことができるスポーツだという定義が主要である。そして、そのなかでもとくに中核的に扱われているのがテレビである[5]。

他方、鬼丸正明はメディアスポーツに関する研究で、スポーツ中継を視聴するという行為は、スポーツではなく、「映像」を観ている点を重視する。[6] そのうえで、スポーツを、写真や映画、テレビやゲームなどと同様の「映像文化」に位置付けて理解したうえで、メディアスポーツを論じる必要性を強調する。[7] 加えて映像文化と同時に「運動文化」の重要性も指摘する。[8] 運動文化は、スポーツだけではなく映画にも通じるという。[9] また鬼丸は、「映像の歴史、とりわけ映画史を知らずにメディアスポーツ（とりわけTVスポーツ中継）を理解することはできない」[10] と指摘したうえで、スポーツの映像分析の重要性を論じる。鬼丸が述べるように、スポーツ中継を「運動文化」として、もしくは「映像文化」として捉えるとき、検討すべき事柄は、「動く映像」がもつ問題点である。「メディアを通して観るスポーツ」としてスポーツを捉えた場合、「動く映像」と、その歴史・文化に注目しなければならないだろう。

「映像」といっても、映画とスポーツ中継では分析方法が大きく異なる。映画は作品ごとに分析をしなければならないが、野球の試合の場合は――テレビ局などによって若干の差異はあるものの――基本的なアングルは同じである。したがって、野球中継のアングルについて考える際は、作品ごとの差異を考慮せずに、その基本的な構造を追えばいい。それでも、「われわれはそのスポーツ中継に特有の技術（それはクロースアップであり、移動撮影であり、再生映像であり、スローモーションであり、そして生中継技術である）から映像論を展開していくべきだろう」[11] と鬼丸が指摘するように、スポーツ中継の映像的側面には、まだ研究の余地が大いにあるだろう。

野球中継の映像という場合、どうしても問題になってくるのがカメラアングルである。カメラアングルは、我々が野球をどのように観ているのかに直接的に関わる。しかし一体、野球中継のカメラアングルはどのような変遷をたどってきたのか。本章では、日本の野球中継のカメラアングルが歴史的に変更された過程を明らかにする。筆者がとくにカメラアングルに着目する理由は、映像の送り手側がマスメディアを通じてコンテンツを発信し、視聴者が受容し、送り手にフィードバックする際にスポーツの見方自体に強く影響するものだからである。野球中継のカメラアングルの歴史的変遷は、メディア史としても意義がある。カメラアングルに関する研究は、これまでに映画論などの分野で蓄積がある。一方で、スポーツメディアのカメラアングルは、その重要性を指摘されてはいるものの、分析にまでは至っていない。マスメディアを通して観戦するスポーツは、様々な方法でテレビ局を介して恣意的に印象が与えられているものである。とくに野球は、現在、多様なアングルをつなぎ合わせるような形式で放映されている。

そこで、野球中継のカメラの位置や台数を、資料に基づきながら明らかにする。まず、第2節では、野球中継に関する先行研究を検討する。第3節では、そうした先行研究でこれまで研究されてこなかった野球中継のカメラアングルの変遷を、歴史的な資料をもとに明らかにする。そして第4節で、カメラアングルの変化が野球という競技自体の質的変化や、野球とマスメディアとの関係に与えた影響を考察する。

2 野球中継に関する研究動向とその重要性

これまでのスポーツの映像に関する研究、とりわけ野球中継の映像に関する考察には、第一に神原直幸の研究[12]がある。神原は、野球中継でスター選手や読売ジャイアンツ（巨人軍）の露出度が高いことを時間数から示している[13]。しかし、鬼丸も指摘[14]しているように、スポーツ中継の映像分析をする際には時間数をみるだけでは意味がない。

野球中継の画面の時間に着目した神原に対して、滝浪佑紀は、テレビ中継の編集原理について明らかにしている[15]。滝浪は映画論の文脈から野球中継に対して以下のように述べている。

空間的・時間的に細分化されたショットの積み重ね（編集）から成っており、この点、パンを伴ったロングショットでボールの動きを追い、試合の進行が止まった時に選手の近景ショットが挿入されるに止まるサッカー中継に比べ、中継番組のコードないし原理を抽出することに適している[16]。

このように、滝浪は「野球中継全体」が分析に適していることを指摘している。そのうえで、野球映画と野球中継を、映画研究のショット分析を援用しながら述べている。滝浪が扱った野球映画は、単一の試合を描いた『ラブ・オブ・ザ・ゲーム』[17]である。この映画は、ときに回想シーンなどで「価値観」を視聴者に提示しながら「感情移入ないし共感」を得るようにつくってあり、また空間的・時間的に細かく分割したショットで構成されていると滝浪は述べている。そのうえで、映画の一場面を抜き出し、「細かなショットに分割する」利点を明らかにしている。それは、広大な空間のなかで、ある特定の人物の物語が進行することにある。次に滝浪は二〇一三年夏の甲子園の三回戦、常総学院高等学校対前橋育英高等学校戦を例に挙げながら、基本的な要素は映画と同じで、野球のテレビ中継も細分化したショットの集積で構成されているという点に言及する。そのうえで、それらの構成要素は、「スタンド側から捉えた投手と打者のＥＬＳ」[18]「バックネット側から打球を追うＥＬＳ」「投手のＭＣＵ」[19]「ほかの選手のＭＣＵ」「打者のＭＣＵ」「観客や応援団のショット」「スコアボードのショット」であると強調する。そしてテレビの野球中継でも、「試合の経過がロングショットの長回しで延々と捉えられているわけではなく、そこには編集による一定の物語化の操作が介在している」[20]としながら、映画と野球中継の差異は、視聴者の関心として試合の成り行きに影響を受けると言及する。また、互いが独立している「挿入ショット」を用いている点も野球中継の特徴として挙げている。加えて、感情移入の問題として野球映画と比較した場合、野球中継は「感情移入」よりも「出来事を待つ」状態が重要だと述べる。つまり、野球中継は七つの基本的な構成要素からなる映像であり、そうした映像の要素が編集され、放映されている。そのなかで、映画とは異なり、プレーの結果を待つモードを滝浪は強調する。しかし、その一方で、野球中継に感情移入がないとはしていない。滝浪は続けて以下のように言及する。

テレビ中継というテクストは、一定の物語化という作為を経ている。（略）テレビ中継は投手や打者といった特定の選手に焦点を当てるため、MCUなどを多用し、さらには、彼らのショットが類似切り返しとして連続させられる場合もある。[21]

この点に共通していることとして、鬼丸も「スタジアムの経験とも、スポーツとも無縁な、その「心理」や「内面」についての言説が、解説者から始まって記者、観客に至るまで普遍化しているのは、クロースアップの効果」[22]であることを強調する。このように、投手や打者の表情が映し出されることによって、我々はその打者や投手に感情移入していて、それはメディアの送り手側が意図的に操作した結果なのである。

ところで、「野球」という一つのスポーツはマスメディアにとって初期から重要なコンテンツの一つであり、その根強い関係がすでに指摘されている。[23] 野球は、雑誌や新聞という文字のメディア、漫画やアニメというフィクションの映像としてのメディア、そしてラジオという音声のメディアと、映像として中継されるテレビなど、多様なメディアによって伝えられており、それぞれに長い歴史がある。日本では、ラジオや雑誌などのメディアが導入された最初期から野球を取り上げていたことが指摘されている。[24] 同時に、野球は社会的にも報道時間が多いなど、注目度が高いこともすでに指摘されてきた。[25]

野球中継についてはテレビが中心だったなかで、中継のなかでのカメラアングルの変遷はマスメディアを通してみる野球に変化を与えたのか。神原は「すべての試合はセンターとバックネット裏からの映像を中心に構成されている」[26]というが、現在の野球中継は、滝浪も指摘するようにそのほとんどがセンターからの映像である。神原がいう「バックネット裏」からの映像は、たとえば一部の高校野球の地方予選のように、人手や放送機材が少ないだろうなかで中継されるような放送（ネット中継）などの限られた場面でしか見かけることができない。しかし、その映像が中心的な時代があった。つまり神原が指摘する二つの視点は、歴史によって差異がある。

それでは、日本の野球中継のカメラアングルは、いつごろから現在のセンターカメラからの映像になったのか。次節からは、この点について資料をもとに明らかにしていく。

3　テレビ中継のカメラアングルの変遷――バックネット裏からセンターカメラへ

はじめに、日本での野球中継の始源についてふれておこう。日本で最初のテレビでの野球中継は、一九五一年に後楽園球場でおこなわれた毎日対大映戦が実験放送されたものである。[27]次いで五三年、民放の日本テレビでは開局二日目からプロ野球中継を放映した。[28]さらに同年には、大阪・名古屋・東京の三都市間に回線がつくられ、全国高等学校野球選手権大会が八日間中継された。[29]

実験放送の段階では三台のカメラを使用して試合を中継した。[30]そして、テレビ放送が始まってから十年間そうした状況が続き、カメラの位置は「ネット裏、一塁側上段、一塁側ベンチ横の三台」[31]

だった。しかし、一九六一年には「日本シリーズ、早慶戦、オールスターなどの大試合になると、カメラが五台から六台になる。スコアボード横から望遠レンズでキャッチャーのサインをのぞいたり、ナイターの照明塔の上においたり[32]」と報じている新聞記事があるように、台数は三台で固定されていたわけではないようである。

そして、一九六六年から、通常放送でも大試合と同じようにカメラを「四台目として三塁側ベンチ横にも置いた[33]」とされている。四台に増えた理由について、NHKの杉山茂チーフディレクターは「王がカメラを四台にした。左の彼の顔を映す第四のカメラが必要になったから[34]」と述べている。ここで着目すべきは、花形選手を映す必要性や時代の潮流である。王貞治と並んでこの時代のヒーローとして扱われていた長嶋茂雄は右打者だったため一塁側ベンチ横のカメラで顔を捉えられたが、王は左打者であるためバッターボックスでその顔を捉えることができていなかった。そのため、視聴者からの要望に応えるようにして四台目のカメラが登場することになったのである。三塁側にカメラを置くまで、日本テレビは「三塁側にカメラをおいていないので、一塁ベンチ横のカメラに反射鏡をつけて一塁ベンチの表情をさぐ[35]」るなどの工夫をしていた。

次いで、一九七六年にはカメラがさらに増設される。この年から、カメラが三塁側と一塁側に一台ずつ増えた。さらに、TBSは八一年の五月八日に横浜スタジアムでおこなわれた大洋ホエールズ対読売ジャイアンツ戦で、七台のカメラを動員したとされている[36]。

それまでは、ネット裏のカメラがメインになり、打者の後ろから投手を正面で捉えるようなアングルからのショットが中心だった（図2―1）。バックネット近辺から、投手の顔が見えるようなアングルでは、投手や、前から見た投げ方、また打者の打ち方がやや斜め後ろから捉えられ、二塁手や遊撃手、または中堅手の動きまでもを捉えることができていた。また、そのメインカメラは、投球から打球までのすべての球を追っていた。

しかし、『20世紀放送史』上巻によれば、そうした映像が「マンネリ化」してきたため、NHKは一九七二年のMLBワールドシリーズの映像を参考にして改革を図った[37]。参考にされた映像は、「十台以上のカメラと五台のスローモーションビデオをフルに使った迫力ある画面[38]」だった。そこから日本の野球中継には、「センター後方のカメラから撮った、投手、打者、捕手の画面[39]」が欠落していることにNHKの中継スタッフが気づいた。しかし、一九六一年に「読売新聞」は以下のように伝えている。

図2-1　バックネット裏からのアングル映像
（出典：『DVD 映像で蘇る高校野球不滅の名勝負 Vol.3』〔ベースボール・マガジン社、2014年〕の付録 DVD「9試合厳選！白熱の延長激闘録」に所収の「1969年〈第51回大会〉松山商対三沢――決勝戦引き分け再試合」）

スコアボードの横におくのは日本テレビが昭和三十年にはじめた。これはキャッチャーのサインが見られるという利点

図2-2　センターカメラからのアングル映像
（出典：前掲『DVD 映像で蘇る高校野球不滅の名勝負 Vol.3』の付録 DVD 所収の「2004年〈第86回大会〉横浜対京都外大西 ―― 湧井 VS 大谷」）

はあるが、サインが盗まれるという苦情や、ネット裏のカメラでとらえた映像と切りかえると、見ているほうが混乱をおこすなどでいまはあまりやっていない。[40]

つまり、日本テレビ系列では、一九五五年という驚くほど早い段階でセンターカメラを導入していた。だが、切り替わる画面に視聴者が混乱するため、バックネット裏からの映像になったとしている。ここで注目すべきはカメラの「切り替え」の問題である。のちに、NHKがセンターからのカメラを導入する際には、「中継スタッフらが連日研究会を開き、カメラのサイズや切り替えの瞬間を考えることで違和感のないようにした[41]」と何かしらの対策をとっていた。現在、我々もまた、センターカメラからの映像で野球中継を受容している。[42]そして、そこに大きな混乱はないと思われる。

以上のように、日本ではカメラの位置は最初の野球中継では、バックネット裏からの映像だった。

そして一九五五年前後に日本テレビ系列でセンターカメラからの視点を導入したが、それによって、一つのカメラではなく、切り替えなどが生じるために混乱が起こり、またサインがわかるという苦情などもあって使用されなくなった。そして、再びバックネット裏からの映像が主流になるが、「マンネリ化」を起こし、NHKがその改善のためにMLBの中継を参考にしてセンターカメラを導入した（図2―2）。

センターカメラは、NHKが正式に導入する以前の非公式戦——日米野球など——では使用されていたと考えられる。それは、「読売新聞」が一九七五年の時点で「日米野球などの時、センター後方の外野席から撮ることがあり、視聴者に好評なのですが、公式戦中は、キャッチャーのサインがわかり、相手チームにテレビを通じて利用されてしまうので、セ・リーグが許可していない」(43)と伝えていることからも明らかである。

その二年後の一九七七年には、また状況が変化している。セントラル・リーグ（セ・リーグ）とパシフィック・リーグ（パ・リーグ）の対応に関して、一九七七年五月七日付「朝日新聞」の「外野席のTVカメラ、独自方法で許可 パリーグ理事会」と題した記事では、以下のように書かれている。

パ・リーグは六日、大阪西区の同連盟事務所で理事会を開き、これまで禁止していたテレビ中継カメラの外野席持ち込みをパ・リーグが独自の方法で許可することにした。
外野席からのテレビ撮影は米大リーグでもおこなわれており、セ・リーグでは今季から捕手のサインが映らない両翼二十メートル以内に限って許可している。これが好評なため、パ・リーグでも実施することになったわけで、バックスクリーン内と、その延長線以外はどこでも許可するとした。

ただし、中継中にテレビ受像機やビデオ装置を、ベンチはもとより、その周辺、スタンドなどに置くことを禁止している。(44)

セ・リーグが制限つきで許可を与える一方で、パ・リーグはほぼ制限がない許可を与えている。当時の野球界は読売ジャイアンツが中心であり、試合中継の放映、来場者数どちらの面でもセ・リーグが優位だった。パ・リーグがカメラ設置や台数に無条件で許可を与えたのは、テレビ放映の少なさから画面の新鮮味を視聴者に与えたいという意向があったからだと推測できる。

一九七〇年代中期を境に変わり始めたカメラアングルには人気があったと考えることができる。「朝日新聞」には以下のような投書が寄せられている。

最近、野球中継で外野からバッテリー間をとらえたアングルを見かける。従来のバックネットからの画面にいささか食傷気味であったためか、この新鮮なアングルに好感をもった。投手のほうから打者の正面を見おろすのであるから、打者の気迫と投手の心理や投球配分がわかり、二者の対決が臨場感をもって味わえる。この手法は、米国から輸入したものらしいが、他のスポーツ中継でもマンネリから脱却するために、このくらいの工夫がほしい。(45)

さらに、「読売新聞」にも、「一日の日本テレビのプロ野球巨人対阪神は、センターからのテレビカメラでキャッチャーがどの位置で構えているか、バッターがどんな表情かなどが見れて大変楽しかった[46]」という投書が掲載されていて、おおよそ好意的な意見が目立つ。現在も、センターからのカメラを中心に野球中継は放送されている。

次節では、センターカメラが導入されてから、日本の野球中継がどのように変わったかを述べていく。

4 センターカメラからの映像が及ぼした影響

本節では、センターカメラが導入されたことによる野球中継と野球をめぐるメディアの変化を考察する。

バックネット裏からの映像では、コースや高さ、シュートやスライダーなどの一部の横の変化球がわかりにくい傾向にあった。しかし、センター方向からのカメラによる野球中継では、投手の後ろ姿をカメラが捉え、ストライクゾーンをほぼ正面から見るようになる。ストライクゾーンを画面上で平面的に捉えるようになったことで、投手が投げるコースや球種がわかりやすくなると同時に配球なども見やすくなる。このような利点を生かして導入されたのがノムラスコープと呼ばれる配球チャートである。野村克也[47]にちなんで命名されたこのチャートは、一九八〇年に野村が現役を退き解説者に就任する際、野球解説のマンネリ化を打破してほしいというテレビ関係者からの要求に応えて提案された[48]。彼の独自の配球理論を視覚化するために、ストライクゾーンを九分割にした枠を画面上に配置し、次に投げるだろうと予測される場所を野村が指し示す。野村が監督に就任するなどして解説業から離れてからはノムラスコープのようなチャートは用いられなくなっていた。しかし、近年こうした配球チャートが再び注目を集めている場がある。それは、インターネットによる野球速報である。

インターネット上での野球速報には二つのパターンがある。一つはテキスト速報である。テキスト速報は、何が起こったかを文章化して伝えるものである。もう一つは一球速報と呼ばれる。一球速報は、ストライクゾーンを九分割して、そこにマークや色分けなどで球種を分類して表示する。近年は、外出先などテレビが見られない環境でも、インターネットを通して野球の速報を見られるようになり、こうした表示が野球ファンの間では一般的なものになっている。そのため、再びテレビ中継などでも配球チャートがみられるようになってきた。二〇一六年時点で日本テレビ系列やテレビ朝日系列の野球中継では手動でこのような九分割のチャートを表示していた[49]。MLB中継ではストライクゾーンの枠をテレビ中継の画面上に表示している。ボールがそこを通過したかどうかを判別できるため、視聴者にはおおむね好評だ。また、配球なども通過したゾーンを自動的に判別するシステムを導入して表示している。

こうした配球に関する情報が多く提示されるようになったのは、センターカメラからの映像だからこそといえるだろう。そして解説や映像によって試合が整理されることによって、野球を「駆け引き」のゲームとしてみる傾向が強くなったと考えられる。前述した滝浪の研究では、クローズアップでの打者や投手に着目しているが、(50) そこでは言及されていないミディアムクローズアップ（MCU）が果たす役割も大きい。確かに、捕手に対してMCUが用いられるのは、投手のコントロールが悪くて苦心している場合や、解説が配球の解説をした場合くらいではある。しかし、カメラアングルが変更されたことと、解説によって捕手に注目がいくようになったことによって、――クローズアップで頻繁に焦点は当てられないものの――常にこちらを向いている「捕手」の存在を同時的に視聴者も、またテレビ局も無視できなくなったのではないか。クローズアップが多用されないという意味では、捕手は常に画面に映り続けているにもかかわらず脇役的な存在である。従来のアングルでは捕手は審判に隠れ、後ろ姿が部分的に見えるだけだった。それがセンターカメラからの映像に変更されることによって、常に捕手と対面する構図になった。

先に指摘したように、映像上でボールのコースと変化がわかりやすくなり、また野村が解説業に就いて配球を重点的に解説するようになった。それは同時に、キャッチャーに「思考」を移入することができる構図の完成をも意味する。つまり、カメラアングルの中心がセンターカメラに切り替わることによって視点が変更され、捕手目線の解説によって捕手の「思考」が加えられることが起こった。そして、それまでの打者対投手という構図だけを追うというモデルから、捕手を加えたバッテリー対打者という構図――つまり、捕手という視点――が新たに強く打ち出された。

さらにもう一点、カメラの位置が変わったことによって変化した点がある。これまでのバックネット裏からの映像では投手や打者、審判と捕手の後ろ姿はもちろんのこと、二塁手や遊撃手までもが映り込んでいた。しかし、センター方向からの映像になることによって、二塁手や遊撃手は基本的に映り込まなくなった。つまり、メインの映像として映し出されるのはプレーヤーではない審判と、投手と捕手のバッテリー、そして打者になった。当然ながら、視聴者が注目するのは主に投手を中心にしたバッテリーと打者になる。守備の選手が画面上から消えたことによって、投手対打者という構図が明確になったと考えられる。それは、野球のチームスポーツとしての側面ではなく、個人対個人という野球の別の側面である。滝浪の指摘にもあるように、現代の野球中継は、カメラのスイッチングを含めて、こうした個人対個人重視の構図が中心である。

投手が投げたボールを打者が打ち、その打球に対して二塁手や遊撃手がどのようなポジショニングをし、動き、ボールをさばくか、というチームスポーツとしての一面が排除されることによって、投手と打者の関係性が強くなった。その影響は、野球中継以外にも波及する。奈良堂史は、一九八〇年代の野球界の変化を以下のように述べている。

また、一九八〇年代に入ると、プロ野球を伝えるスポーツ雑誌にも変化が生じた。一九八〇年に雑誌『Number』が創刊されるなどして、試合結果やチーム成績、選手のプレーや人間像を、旧来のように事実として伝えるのではなく、「ストーリー」として伝える新しい方向性が打ち出された。言い方を換えれば、新たにスポーツ・ノンフィクションの分野が確立したわけであり、先述した山際淳司の「江夏の21球」は、ストーリーをメディアが伝えるスポーツ・ノンフィクションの代表的な作品と言える。[51]

奈良が指摘しているように、これまでは雑誌でもプレーや人間像を描き出していた。しかし、メインカメラが変わり、一球ごとの駆け引き、そして個人対個人という側面が強くなったことに起因してストーリーが描きやすくなり、また受容者にとっても想起されやすくなった。山際淳司の「江夏の21球[52]」でも、打者と投手の心理描写、相手に対する心理、そして配球などを詳細に描いている。さらには、その外縁として、滝浪が指摘したように、応援席からのショットなどを野球中継に入れ込みながら物語化がなされているとも考えられる。

つまり、カメラアングルが変更されたことによる影響は以下のようにまとめることができる。旧来のテレビ中継は、バックネット裏、すなわちスタンドの座席の一部からの映像をメインとしていた。生で観戦する場合、バックネット裏の座席は人気が高い席であり、プロ野球などでは年間シートとして売り出されるほどである。テレビ観戦でも、初期の段階ではそうした一等席から眺める構図になっていた。そして、その一等席からの眺めが、カメラアングルが変更されることによって特等席の眺めに変更される。つまり、センターカメラからの映像はファンが立ち入ることができない場所であり視点である。生観戦とは全く違ったテレビ観戦ならではの視点が導入されたことによって、テレビ観戦のモードと、生観戦でのモードは異なるようになった。そして、アングルに適応するようにして、テレビ中継での解説や、その周縁にある雑誌などのメディアにも変化が生じたと考えることができるだろう。

5　新技術によって変化しつづける野球中継

本章では、スポーツメディア論の観点から、日本の野球中継のカメラアングルの変遷を明らかにしてきた。一九七〇年代中期に野球のカメラの位置がバックネット裏からセンターに変わったことを受けて、野球放送やプレーとマスメディアが変化したといえるだろう。カメラアングルが変わったことによって、野球の駆け引きとしての要素が強くなり、またチームとしてのスポーツから個人対個人という面が強調されるようになった。

それまでの視覚的に連想される野球中継のイメージがまさしく百八十度転換されたことで、球場では体験できないメディアならではの臨場感を体験できるようになった。換言すれば、テレビを通してしか見られない野球の映像が開発されたことによって、人々が野球をテレビを通して受容することが、より深い意味をもつようになったといえるだろう。もともと選手をアップにした映像は、テレビを通すことでしか体験できなかった。アップで選手を見たい、というファンの欲望を満たすために、王のアップが撮れるようにカメラの位置が移動されるなどの工夫がされていた。しかし、それ以上に、基本になるアングルがテレビ中継を通して「しか」得られないことによって、まさしくテレビでの野球中継は、特権的なものになったと考えられる。

テレビ中継の特権性、それはカメラアングルの変更だけにはとどまらない。ほかにも、スローモーション映像を用いた表現なども、その筆頭として挙げることができるだろう。

スポーツ中継でのスローモーション映像は、一九六四年の東京オリンピックの前年、東京国際スポーツ大会でＮＨＫが試験的に運用し、東京オリンピックで本格的に運用された[53]。野球中継には六八年に導入され、ファンから「面白さがはっきり増した」と歓迎されるほどには好評だった[54]。

また、一九七九年には、スピードガンで計測された球速がテレビ画面に表示されるようになる[55]。実際に速度が数字として表示されることで納得感もあり、いまではスピードガンは野球中継になくてはならないものになった。最近では、トラックマンと呼ばれる機器などを用いて、投球の回転数や角度、打球速度や打球の角度までもが即時にわかるようになってきている。

こうした技術革新はさらに進み、近年ではバックネット裏よりもさらに前にカメラが押し出されてきている。それが審判カメラである[56]（図２―３）。日本テレビ系列では、二〇一一年から審判カメラを導入した[57]。審判カメラは、その名のとおり審判が装着しているへ

図2-3　審判カメラからのアングル映像
（出典：「7/28「巨人対中日」迫力の攻防を審判の目線で !!」「YouTube」〔https://www.youtube.com/watch?v=hEHvN2qEAws〕［2023年9月3日アクセス］）

ルメットにカメラをつけ、その映像を届けるものである。その視点は、角度はバックネット裏からの視点に非常に近いが、臨場感によりあふれたものになっている。審判が判定に支障がないとした場合にだけ用いられ、日本テレビ系列ではその映像を特定のイニングだけ用いる。センター方向やバックネット裏という距離がある視点から撮るのではなく、打者にきわめて近い位置にいる審判がカメラを装着することによって迫力ある視点が導入される利点がある。こうした技術は、調べたかぎりアメリカでも注目を浴びて紹介されている。(58) しかし、小型のカメラのため解像度は高くはなく、また審判が球を追って動くために見えづらいなどの問題点も残されているが、近年その問題も解決傾向にある。また、好評のため二一年には二塁塁審もカメラを装着し、二塁塁審カメラの映像を届けるようにもなっている。(59) これによって、クロスプレーや内野手の守備などを間近で見れるようになった。

審判カメラ（球審からの視点）は、センターカメラの視点に慣れた現代だからこそ、より大きな衝撃を生んでいると考えられる。一九七〇年代中期までのカメラアングルへの思い入れがある一部のオールドファンなどにとっては、ある種新鮮でありながら、懐かしみがある映像になっているのではないか。現代では、すでに述べたように、個人対個人の対決やストーリーが重点的に伝えられる。現に、日本テレビのプロデューサーである岩崎泰治は「われわれは一瞬のドラマをどう表現するかをテーマに中継したいと考えています(60)」と述べている。しかし、審判カメラはむしろ、現代の中継ではあまりふれられなくなったプレーや動きの衝撃を再び感じさせる装置である。

また、二〇〇一年には野球中継に「EYEVISION」というシステムが導入された。これは「一つのシーンを数十台のカメラで撮影し、デジタル技術によって画像を瞬時のうちに連続的につなぎ合わせ再生するシステムであり、今まで不可能だった三百六十度からの映像を仮想現実のように作り出す[61]」もので、これまで死角になっていた部分、具体的には一塁のベース上での判定や、一塁線・三塁線の判定をすべて再現できるようになった。一五年からは、インターネット上の野球視聴サービスで「三つのカメラを切り替える」ことが可能になっている[62]。これで通常の放送の視点に加えて、球場の全景などを見る選択してみることもできるようになった。

さらに、日本テレビ系列では「自由視点映像」と称した映像を届けている。これは、大量のカメラで映像を捉え、カメラで捉えきれていない部分はコンピューターによる合成処理をして仮想カメラが設置できるボリュメトリックビデオシステムによって、本来であればカメラの死角になる「見えない部分」まで見えるようにするシステムである。この技術によって、本来はカメラが入ることができない場所や角度から選手の動きを捉えられるようになった[63]。二〇二一年十月から二二年四月までのシーズンで導入され、野球に使えないかと日本テレビ側が打診し、その後テストを兼ねた放送での反響があったため、二三年からは常設になっている[64]。

このように、新技術が開発されるたびに野球中継はそれを取り入れてきた。そして、メディアの変化に伴い、野球のプレーやルールさえ変化する。たとえば、近年ではテレビ中継のために試合の時間短縮を目指し、無走者の場合には十五秒以内に投球をしなければならないルール（通称十五秒ルール）が導入された[65]。ＭＬＢ（メジャーリーグベースボール）でも、ピッチクロックという同様の制度が導入されている。ＮＰＢ（日本野球機構）では規定の秒数以内に投げない場合も罰則規定はないが、ＭＬＢではボールとされるなど、厳格な運用になっている。それに伴って、ＭＬＢ中継では秒数が表示されるようになってきている。

加えて近年、野球、あるいはスポーツを伝える中継映像は、スポーツを「見せる」だけにとどまらず、スポーツの内部にまで影響を与えている。それが、ビデオ判定（リクエスト）である。

ＮＰＢでビデオ判定が制定されるきっかけは二〇〇六年にさかのぼる。誤審と思われる判定を受けた読売ジャイアンツが、セ・リーグに再抗議の文書とともにビデオ判定制度を検討するように要望を出した。[66]その後、〇九年十一月にセ・リーグがビデオ判定の正式導入を決定、[67]同年十二月にはパ・リーグもビデオ判定をおこなうことを決定した。[68]この時点では、セ・パ両リーグともに、ビデオ判定はあくまでもホームランに関する場合だけ適用ということになっていた。

その後、二〇一七年のシーズンオフにリクエスト制度の導入が決定し、翌一八シーズンから運用が開始された。[69]ストライクやボールの判定、あるいは守備妨害やボークなど、一部リクエストできないものもあるものの、基本的には映像を用いた判定を監督自身が要求することができるようになっている。

ＭＬＢでは、ほとんど同じ制度がチャレンジと呼ばれ、二〇一四年から運用されている。ＭＬＢでも当初（二〇〇八年）は、ホームラン限定での運用だった。ＮＰＢと同じく誤審がきっかけで導入された同制度によって、一四年には四七・三パーセントもの判定が覆っている。[70]ＭＬＢがチャレンジという名のもとでルールを制定したあとに、ＮＰＢはリクエストという名称での運用を開始している。こうした名称について、当時のヤクルトスワローズ球団専務でリプレー検証検討委員会である江幡秀則は、「「チャレンジ」という挑戦的な表現より、審判とチームが協力しあって正しい判定を求めていく意見を込め、「リクエスト」という柔らかい表現とした[71]」と語る。

ＮＰＢとＭＬＢのチャレンジあるいはリクエスト制度の違いは名称だけではない。運用方法をみても、ＭＬＢの場合はニューヨークにあるＭＬＢアドバンスト・メディア社にデータが集約されている。チャレンジがあった際には、各球場に設置されたカメラから対象プレーを第三者が確認したうえで、判定を現場にいる審判に伝達するシステムだ。こうした設備には三千万ドルもかかったという[72]。

対して、日本のリクエスト制度はテレビ中継の映像を使う[73]。それは、リクエストのために独自の機器を用意していないことを意味する。そのため、監督がリクエストを要求しても、当該プレーをカメラが追っていないこともある。二〇二三年には、タッチアップの際の離塁をめぐってリクエストが要求されたが、野球中継でそのシーンは映されていなかったためにリクエストが却下された[74]。

このようなリクエストをめぐる一連の動向は、野球がテレビ中継されることを前提にルールが策定されているということにほかならない。野球中継の映像をもとに判定が下されるということは、ファンと審判が同じ映像から判断をしているということである。ＭＬＢのチャレンジ制度であっても、判定に使われる映像はファンも見ることができる。このように、映像技術の発展、メディアの発展は野球のルール自体にも組み込まれている。

以上のように、野球中継のカメラアングルの変更は、野球のプレーや視聴者、それらを取り巻くメディアに大きな影響を与えたといえるだろう。そして、技術革新などによって、野球のテレビ中継は大きく変容していった。

現在の審判カメラや自由視点映像は、結果よりもむしろ運動性が強調されるようになっている。読売テレビの野球中継の責任プロデューサーである福井健司は「テレビだからこそ感じられる価値を創造しなければ、スポーツ中継をやる意味がない」[75]として、テレビ中継の現場での「ものづくり」を重要視している。しかし、物語を創作せずとも、すでに視点あるいは映像づくりという点で、「テレビ中継ならでは」の価値が提供されている。このようなスポーツの映像そのものが一つの運動文化として捉えられ始めている現在のメディアの動向は、スポーツの動きに注目する契機だと考えることができる。

客の立場として――チケットの入手は難しいものの、制度上は――立ち入ることができるバックネット裏からセンターという客が入れない領域へとカメラアングルが変更されたことは、野球中継の視点が一等席からメディアの特権的な視点である「特等席」へと変わったことを意味する。その後の技術革新による映像の見せ方は、当然現地では見ることができず、テレビなどのメディアを通してしか体験することができない。「メディアを通して野球を観る」ではなく、むしろ「メディアを通してしか観られない野球」になっていったのである。

注

（1）外周が二百二十九ミリから二百三十五ミリと公認野球規則で定められている。

(2)「メディア・スポーツ」や「メディア－スポーツ」とも表記される。
(3)橋本純一編『現代メディアスポーツ論』(Sekaishiso seminar)、世界思想社、二〇〇二年、Ⅱページ
(4)早川武彦「〝メディアスポーツ〟その概念について——スポーツの本質にねざすメディアスポーツ論に向けて」、一橋大学スポーツ科学研究室編「一橋大学スポーツ研究」第二十四号、一橋大学スポーツ科学研究室、二〇〇五年、一二ページ
(5)同論文
(6)鬼丸正明「メディアスポーツと映像分析——予備的考察」、前掲「一橋大学スポーツ研究」第二十四号
(7)同論文
(8)鬼丸正明「メディア論の現状とスポーツ理論の課題」「研究年報」一橋大学スポーツ科学研究室、一九九六年
(9)同論文
(10)前掲「メディアスポーツと映像分析」一六ページ
(11)同論文
(12)神原直幸『メディアスポーツの視点——擬似環境の中のスポーツと人』学文社、二〇〇一年
(13)同書一〇四ページ
(14)前掲「メディアスポーツと映像分析」一五ページ
(15)滝浪佑紀「テレビにおける野球中継の分析——映画との比較から」、東京大学大学院情報学環編「情報学研究——東京大学大学院情報学環紀要」第八十六号、東京大学大学院情報学環、二〇一四年

(16) 同論文二三ページ
(17) 『For Love of the Game』（監督：サム・ライミ、一九九九年。邦題『ラブ・オブ・ザ・ゲーム』）
(18) エクストリームロングショット（超ロングショット）の略称。
(19) ミディアムクローズアップの略称。
(20) 前掲「テレビにおける野球中継の分析」三二ページ
(21) 同論文三六ページ
(22) 前掲「メディアスポーツと映像分析」一八ページ
(23) 前掲『メディアスポーツの視点』
(24) 橋本一夫『日本スポーツ放送史』大修館書店、一九九二年
(25) 前掲『ファンから観たプロ野球の歴史』
(26) 前掲『メディアスポーツの視点』一一〇ページ
(27) 「毎日新聞」一九五一年五月三十一日付
(28) 前掲『日本スポーツ放送史』二一八ページ
(29) 同書
(30) 前掲「毎日新聞」一九五一年五月三十一日付
(31) 日本放送協会編『20世紀放送史』上、日本放送出版協会、二〇〇一年、三九二ページ
(32) 「読売新聞」一九六一年五月八日付
(33) 前掲『20世紀放送史』上、三九三ページ
(34) 「朝日新聞」一九八一年七月三日付夕刊
(35) 「読売新聞」一九六一年五月八日付

(36)前掲「朝日新聞」一九八一年七月三日付夕刊
(37)前掲『20世紀放送史』上、三九三ページ
(38)同書三九三ページ
(39)同書三九三ページ
(40)前掲「読売新聞」一九六一年五月八日付
(41)前掲『20世紀放送史』上、三九三ページ
(42)テレビ中継で最も映る場所が、外野からバックネット付近に変更された影響は広告代理店に波及した。「それまでほとんど使われなかったバックネット側、キャッチャーの後ろに広告の一等地が生まれたからである」とされている。同書三九三ページ
(43)「読売新聞」一九七五年六月一日付
(44)「朝日新聞」一九七七年五月七日付。なお、「中継中にテレビ受像機やビデオ装置を、ベンチはもとより、その周辺、スタンドなどに置くことを禁止」に関してはいまもなお適用されており、ベンチ内に電子機器を持ち込むことは禁止されている。
(45)「朝日新聞」一九七七年八月二十六日付
(46)「読売新聞」一九七八年四月七日付
(47)野村克也は、南海ホークスやロッテオリオンズなどで捕手として活躍した名選手。引退後は野球評論家、野球監督としても活躍した。
(48)野村克也『エースの品格――一流と二流の違いとは』(小学館文庫)、小学館、二〇一〇年
(49)手動のため、審判がストライクといえばストライクゾーンに表示される。これに対してMLBではPITCHf/xというシステムを導入していて、軌道やコースなどをすべて機械で測定し表示している。

そのため、審判のコールと相違が生じる場合もある。
(50)前掲「テレビにおける野球中継の分析」
(51)前掲『ファンから観たプロ野球の歴史』一四四—一四五ページ
(52)山際淳司「江夏の21球」『スローカーブを、もう一球』(角川文庫)、角川書店、一九八五年
(53)「ビデオに新技術」「読売新聞」一九六三年八月一日付夕刊、「テレビ放送技術の進歩とオリンピック【オリンピック・パラリンピックのレガシー】」「笹川スポーツ財団」(https://www.ssf.or.jp/ssf_eyes/history/olympic_legacy/32.html)［二〇二三年九月五日アクセス］
(54)「大歓迎 野球のスロービデオ」「読売新聞」一九六八年九月六日付
(55)「スピードガン 投手の力ズバリ 野球を一味変えた新兵器」「読売新聞」一九七九年八月十二日付
(56)球審カメラと呼ばれることもあるが、一般的には審判カメラのほうが浸透しているため、本書では引用を除いて審判カメラで統一する。
(57)「野球中継が変わる!?「球審カメラ」25日デビューへ」「Sponichi Annex」(http://www.sponichi.co.jp/baseball/news/2011/05/25/kiji/K20110525000884420.html)［二〇一六年六月二十七日アクセス］
(58)“CUT4”というＭＬＢの公式サイトでは、二〇一八年に、“This Japanese highlight reel from the ump's view is the best seat you'll ever have”というタイトルで審判カメラについて特集を組んでいる(現在は閲覧不可)。
(59)「野球中継史上初の〝2塁塁審カメラ〟を導入! 臨場感&迫力ある映像が可能に〈DRAMATIC BASEBALL 2021〉」「ＷＥＢザテレビジョン」(https://thetv.jp/news/detail/1025950/)［二〇二三年九月三日アクセス］
(60)前掲「野球中継が変わる!?「球審カメラ」25日デビューへ」

(61) 伊佐憲一／小川栄治／見持圭一／川内直人／鈴木純二「世界初！プロ野球中継におけるEye Vision(アイビジョン)の活用」、兼六館出版編「放送技術」二〇〇一年十一月号、兼六館出版、九六ページ、「日本初「EYEVISION(アイビジョン)」中継——フジテレビ「ヤクルトvs巨人」3連戦でオン・エア」「三菱重工」(https://www.mhi.co.jp/news/sec1/010726.html)［二〇一六年六月二十八日アクセス］、現在は閲覧不可。

(62)「〈夏の甲子園〉朝日放送の中継、今年もＰＣやスマホへ異例の生配信」「エンタープライズ」(http://itnp.net/article/2015/07/16/1410.html)［二〇一六年六月二十八日アクセス］、現在は閲覧不可。「4つの映像で多彩に楽しめるABEMAが甲子園全試合で「マルチアングル」映像提供」「Full-Count」(https://full-count.jp/2023/08/01/post1415807/)［二〇二三年十二月十五日アクセス］

(63)「大リーグの先行く巨人戦、カメラ98台の自由視点映像」「日経速報ニュースアーカイブ」二〇二三年四月二十五日付(https://www.nikkei.com/article/DGXZQOUC177N50X10C23A4000000/)［二〇二三年十二月十五日アクセス］

「選択できるカメラアングルは、「試合映像」「一塁アルプス」「三塁アルプス」「球場全景」の4つ」

(64) 同記事

(65)「NPB 2008 Green Baseball Project」「ＮＰＢ」(http://npb.jp/gbp/2008/tanshuku.html)［二〇二三年九月五日アクセス］

(66)「走塁判定〝誤審〟巨人「ビデオ判定」提案へ／プロ野球」「読売新聞」二〇〇六年六月十三日付

(67)「セがビデオ判定正式導入／プロ野球」「読売新聞」二〇〇九年十一月十二日付

(68)「パもビデオ判定導入／プロ野球」「読売新聞」二〇〇九年十二月八日付

(69)「「リクエスト」制度 来季から正式導入 監督がリプレー検証を要求」「Sponichi Annex」(https://

www.sponichi.co.jp/baseball/news/2017/11/13/kiji/20171113s00001173294000c.html)［二〇二三年九月三日アクセス］

（70）「［球景2015］特別編 誤審防止 第三者の目」「読売新聞」二〇一五年十二月二十日付

（71）「プロ野球「リクエスト」来期からリプレー検証を拡大」「読売新聞」二〇一七年十一月十四日付

（72）前掲「［球景2015］特別編 誤審防止 第三者の目」

（73）「リプレイ検証に用いる映像は、当該試合のテレビ中継映像とする。球団は、審判控室にあるリプレイ検証用モニターに試合終了までテレビ中継映像が放映されることを確保する」という規定がある。前掲「「リクエスト」制度 来季から正式導入 監督がリプレー検証を要求」

（74）「ＮＰＢ 実行員会でリプレー検証に関わる条項修正 映像ない場合は審判の判定維持 リクエスト回数含まず」「Sponichi Annex」（https://www.sponichi.co.jp/baseball/news/2023/06/06/kiji/20230606s00001173062000c.html）［二〇二三年九月三日アクセス］

（75）「読売新聞」（大阪版）二〇一四年六月二十六日付夕刊

第3章　野球中継の言語分析
——実況、解説、一般視聴者のピッチングフォーム批評からみえるもの

1　スポーツ中継の言語分析の重要性

「大きく振りかぶって、ピッチャー、第一球投げました！」——野球中継を思い浮かべる際、このセリフはどことなく耳になじみがあるものとして想起されるはずだ。実際、野球中継を視聴する際に言語情報は重要になる。野球中継では何が語られ、また視聴者はそうした語りをどのように享受しているのだろうか。

本章では、野球の実況中継で解説者や実況者、そして視聴者が投手のピッチングフォームに対してどのような批評をしているのかを明らかにする。そこには、実況側とファンの関係、換言すれば

メディアとファンの間の関係性が垣間見える。

スポーツ中継に関しては、橋本一夫が通史的な研究をしている(1)。橋本は放送史について論じるなかでスポーツ実況についてふれてはいるが、中心的なテーマとはしていない。一方、岡田光弘はスポーツ実況の会話分析をおこない、実況者と解説者の関係性やインタビュー、発話の形式などを明らかにしている(2)。また、清水泰生らは古舘伊知郎を例にとってスポーツ実況について論じた(3)。そこではプロレス実況さえも一種の「データベース化」していることを指摘している。また、松尾知之らはスポーツと言語という観点から、ピッチングフォームを指導する現場で、プロ野球投手経験者や熟練指導者がどのような言語を用いて発話しているかを研究している。この研究では、雑誌について示唆している部分はあるが、あくまでも多くの雑誌が異なる指摘をしていることについての言及に限っている(4)。

他方で、スポーツの言語に関する研究は松尾らのような実践的な立場や指導の場面に限られ、用いられる言葉と動きの関係性については論じられていない。本章ではむしろ、テレビという一般的な受け手が多い媒体で、どのような動きに対してどのような言葉を当てはめているのかを明らかにする。換言すれば、実践する投手だけではなく、野球を観るだけの視聴者を含めた「一般的」な受け手が、「運動のイメージ」と「言葉」の関係性をどのように受け取っているのか。また、テレビ局は一般的視聴者に向けて、どのようなイメージと言葉を投げかけているのかを明らかにすることに主眼がある。本章の議論は、スポーツ初心者への指導などを含め、スポーツ言語研究の基礎的段階に位置付けることもできるだろう。

これまで、スポーツをめぐる言語表現に関してはスポーツ美学の分野で多くの考察がなされてきた。スポーツ美学には、スポーツの理想的な動きや状態を表す言語、表現に関する研究も散見される。しかし、競技者の動作についてメディアで実際に使われている表現ではなく、主に理念的なものが議論の対象になってきた。中井正一は、スポーツ実践者の「快」に魅力を見いだし、スポーツを論じている。(5) そこでは水泳のフォームを取り出し、スポーツの実践者が「心地いい」と思うフォームこそが美しいとしている。また中井はスポーツの美を、「スポーツの解釈にあたって、私はその中に二つの要素を認める。その上に複合体としてスポーツの意味が構成される。すなわちそれは競争性と筋肉操作の二作用である」(6) と二つの要素から考えている。勝部篤美は、スポーツの美的特性と美的要素を、素早さ、加速性、リズム、広さ、高さなど十八種類に分けているが、その実例は多岐にわたっている。(7) さらに、競技によってその印象や表現が異なるのは当然のことであるにもかかわらず、様々な競技を並列して扱っている。加えて実践者と観者の区別もなされていない。たとえば、我々は「移動する」という同じ目的をもって歩いている人に対しても、きれいな歩き方とそうではない歩き方を直観的に判別する。乗用車などでも同様に、移動する目的だけではなく、その形状が問題になる場合がある。つまり、同じ目的をもったものに対しても、様々な価値観とそれに伴う表現、動きなどが想定される。そこには、工学的な理想型よりも、人々の価値観やイメージが反映されているのではないか。

他方で、メディア論のなかでも、スポーツ中継での「実況」と「解説」に関しては、ラジオという観点からある程度論じられてきた。實學淳郎は、「わが国初のラジオスポーツ放送は、一九二七

（昭和二）年八月十三日の第十三回全国中等学校野球優勝大会であった」[8]と述べている。最初期におこなわれたスポーツ中継が野球の試合だったことは注目に値するだろう。

そして、橘川武郎らは、「日本の家庭にラジオが広く普及するプロセスで、プロ野球中継は、人気ラジオ番組の一つとなったのである」[9]と指摘する。ラジオによって人々がさらに野球に熱狂することになった様子がうかがえる。山口誠は、「甲子園野球の中継放送が始まると、多くの人が甲子園球場へ押しかけた。ラジオ放送によって、予想できなかったほど野球ファンが急増したのである」[10]と述べている。そのうえで、ラジオの実況アナウンスについて、松内則三の独特な口調が、野球中継をより盛り上げる結果になり、一九三〇年代の時点で、「「球場の野球」に詳しくない多くの人々を「メディアの野球」のファンにした」[11]としている。

山本浩によれば、一九六四年の東京オリンピック以後、スポーツの実況は「テレビが主、ラジオが従の時代に徐々に移行」[12]していったという。山本はそのうえで、実況者もまた、テレビのモニターを参考にしていることを述べている。加えて飯田豊も、テレビはラジオの「正当な後継者」[13]であると強調する。

だが、もちろんテレビとラジオの両者には相違点がある。山本は、テレビとラジオの実況には「実況調」という点で共通性があるが、テレビ放送の実況では、常にしゃべりつづけないアナウンスメントが求められ、「であります」のような「実況口調」ではなく「会話口調」が求められるようになったこと、実況者のコメント量が減ったことを指摘している。[14]確かに、ラジオとは異なり視覚的な情報量があるテレビでは、言語によってすべてを説明する必要がない。したがって、ラジオの後継であるテレビ実況では、実況者のコメントが徐々に減ることになったのだろう。いずれにせよ、ラジオ実況は確かにテレビの実況にも影響を与えていた。

本書ではラジオというメディアは扱わないかわりに、野球中継の「音声」に焦点を当てる。そのなかで、実況者と解説者の言語表現に注目する。解説者や実況者は、はたしてどのような動きに対してどのような言語を当てはめているのだろうか。そして、そこで使われた言語を、一般視聴者、すなわち野球ファンはどのように使っているのだろうか。

言語と視覚文化の関係を明らかにすることによって、視覚的な情報をより精緻に分析することが期待できる。また、発信者であるテレビ中継と一般視聴者の言葉の関係をみることは、多層的な視点、すなわちメディアと視聴者（ファン）の観点の違いも垣間見ることができるだろう。加えて、放送局による狙いの違いは、ある意味でメディア論的な観点としても重要なものになる。そのために同じ目的をもちながらも多様な動きが想定されるピッチングフォームについて実際に使用している言葉から、動きと照らし合わせながら分析していく。

2　なぜピッチングフォームなのか、なぜ高校野球なのか

本章でピッチングフォームに着目する理由は四点ある。

第一に、観察対象としての安定性がある。ピッチングフォームは、基本的に安定した条件のもと

で繰り返される。同じ野球であっても、バッティングフォームでは高めの球を打つ場合と低めの球を打つ場合では明らかに格好が異なる。その点、ピッチングフォームは、ルールの範囲内ではあるものの、ある程度は自らのタイミングでその動作を始動することができる。

第二に、同じ条件下で繰り返されるピッチングフォームは、まさに一つの「型」として語られる場合がある。ランナーの有無などの違いがあっても、同じ選手のピッチングフォームは「同一のもの」とみなされ、語られる。(15)

第三に、野球のピッチングフォームはデータが豊富である。一試合を通じて、先発投手であれば同一の距離で、同一の目的性のもとに、百球以上の投球をおこなう。これはほかのスポーツの動作と比較しても突出して多い。野球中継で中心的に映し出されるのは投手である。そのため、投手のフォームに関する言及は多くなる。守備などは、常に中心に映し出されていないために語られることが少ないが、投手はその反対に、常に中心的な存在として映され語られていると想定できる。

第四に、野球のピッチングフォームは、単一ではなく複合的な要素が必要不可欠なために多機能的であり、多様な種類がある。投手の役割は、打者を打ち取るということであり、その目的のために様々な手段が用いられる。フォームによって投げることが難しい変化球、投げやすい変化球なども存在する。速球に重きを置いたフォームや制球を重視したフォームなどが想定され、どのような割合でどの要素を入れるのかは、投手やコーチの思想によって異なっている。つまり、様々な要素が複合的にフォームを構成するため、その要因も多様に考えられる。

これまでピッチングフォームに関しては、すでに言及したように技術史や人間工学的な観点から多く論じられてきた。一方で、ピッチングフォームに関しては、漫画や雑誌、新聞など様々な領域で言及されている。

たとえば、漫画『おおきく振りかぶって[16]』では、主人公の投手はフォームの「かっこよさ」と球速を求めてフォームを変更する。この漫画の題材はフォームではない。その一方で、フォームが中心的なテーマになっている漫画もある。『最強！都立あおい坂高校野球部[17]』では、主人公がアンダースローの左投手として描かれ、その特徴的なフォームを生かしながら勝ち上がる。『グラゼニ[18]』でも、左のサイドスロー投手がどのようにして生き残るか、という描写が多くみられる。こうした漫画が代表するように、近年は特徴的なピッチングフォームの選手が中心的題材として取り上げられている場合が多く、社会的にも注目が集まっているといえるだろう。

さて、以上のように、ピッチングフォームに対しては様々な言及があることが想定されるなかで、本章では野球のテレビ中継での発言と、「Twitter[19]」での発言の双方に着目する。また、テレビ中継については全国高等学校野球選手権大会の放送のうち、NHKとBS朝日が放送したものの両者を取り上げる。

まず、全国高等学校野球選手権大会に対象を絞った理由を述べる。この大会は、NHKとBS朝日の両放送局で全国放送されていた。この大会以外に、複数の放送局が同じ試合を中継することはほとんどない。そのため、言説の偏りがある可能性や、双方に一致した見解などがみられると考えた。次に、高校野球の大会に注目する理由としては、プロ野球の中継では一方のチームに対して取材や言及が偏る場合があることが考えられる。たとえば、プロ野球の場合は地域や報道するテレビ局、新聞社によって報道内容が偏ることがある。しかしながら、高校野球中継では一方のチーム（高校）のファンに肩入れをすることは少ない。仮にそうした状態があったとしても、それは試合展開上の問題など、例外的な場合だろう。だが、高校野球は、プロ野球とは異なり、あくまでも教育の一環としておこなわれている。そのため、中継中にピッチングフォームに対して批判的なコメントはほとんどみられない。

そこで、一般視聴者がつぶやく「Twitter」に注目した。野球中継の実況者や解説者がほぼ男性であるのに対して、「Twitter」は様々な年齢層の人々が性差の隔たりなく使っている。同時に中継でなされるような教育的配慮が、個人的な「つぶやき」であるために排除されている。また、個人的な感想なども多くみられ、野球中継ではみられない嗜好や、ピッチングフォームに対する専門的ではない印象についてなどの言及があると考えた。なお、本章では、「Twitter」の文章を引用する際、アカウントが特定されないようにプライバシーに配慮し、発言内容が変わらない範囲で顔文字や絵文字、文体などに関して若干の変更を加えている。

分析にあたっては、二〇一四年度と一五年度の全国高等学校野球選手権大会の全試合・全中継を視聴したうえで、解説者、実況者のピッチングフォームに対するコメントをすべて発言のままテキスト化した。また、「Twitter」上でもピッチングフォームに対するコメントをまとめた。後者に関しては、「Twitter」の検索機能を用いて「フォーム」と試合をしている高校名、またはその略称を入力して「ライブ」[20]に表示されたものだけを扱った。

検索ワードを「ピッチングフォーム」ではなく「フォーム」にした理由は、ピッチングフォームに関する発言のうち、フォームとだけ記入して発言されるものが多いためである。そのため、そのなかで明らかにバッティングフォームに対する言及と思われるものは除外した。また、どの選手に対しての発言か不明なもの、ニュースのタイトルに「フォーム」という語が含まれ、そのニュースのURLだけを引用しているものは除外した。それらすべてのテキスト化したデータに対して、NHK、BS朝日、「Twitter」と類別したものを、言語分析ソフトであるKH Coderを使用して言語の使用回数を測定した。そして、特徴的と思われる言語に対して、動きと照らし合わせながら概念分析をおこなった。なお、これらのデータ処理をするうえで筆者による加工はしていない。

3 テレビ中継のピッチングフォーム批評と一般視聴者のコメント

本節では、NHKとBS朝日のテレビ中継のピッチングフォームに対する批評から、放送局ごとの特色の差異、そして放送局の狙いを明らかにする。加えて、「Twitter」でのコメントの特色を明らかにする。これによって、次節以降で紹介するコメントの特性を示す。

まず、NHKの中継では、解説は基本的に社会人野球で監督を務めた者がおこなっている。一方、実況はNHKのアナウンサーが担当している。対して、BS朝日の中継では、解説者のほとんどが高校の強豪野球部の現監督もしくは元監督である。BS朝日の中継で、ピッチングフォームに対する発言数は全試合で実況が三百十四回、解説が二百十九回と、実況者のほうが多く言及している。

対して、NHKの中継では、実況（またはアナウンサー）が二百五十九回、解説が二百八十回とわずかながら解説のほうが多く発言している。解説者は専門的なコメントを求められることが多いため、NHKのほうがピッチングフォームを専門的なものとして語る傾向にあるといえるだろう。

またNHKでは「サイド」という単語の登場回数も六十三回と頻出している。これは「サイドハンド」や「サイドスロー」を指すものである。また、「スリークォーター」が十二回ある。これらは言及されている投手が「サイドスロー」や「スリークォーター」であることとの紹介的な意味合いが強いとみることができる。その一方で、オーバースローの投手のほうがその絶対数は多いにもかかわらず、「オーバー」は二回、「オーバースロー」は十三回と、「サイド」関連に比べると少ない。また、アンダースローの投手もその絶対数が少ない（「アンダーハンド」という言及があったのは高崎健康福祉大学高崎高等学校の橋詰直弥投手の一人だけ）にもかかわらず、「アンダーハンド」が五回、「アンダー」が一回と比較的多い。文脈的には、アンダースローであるという紹介的な意味合いの発言が多い。オーバースローの投手はその絶対数が多いために、取り立てて説明や紹介をしない傾向があると理解できるだろう。

一方で、BS朝日の中継では、NHKと比べてピッチングフォームを「専門性が高いもの」として捉えるよりも、むしろキャッチフレーズのように使う傾向がみられる。そのため、解説よりも実況のほうがピッチングフォームについて多く言及していると考えられる。たとえば、NHKではみられない「フラミンゴ」や「ライアン」という語が散見される。これらは以下のようにして使われる。

実況「さあ、マウンド上の福谷が独特な、フラミンゴ投法といわれていいます、球と同時に右のグラブをくいっと持ち上げて左手を下げて体の後ろに隠すようなフォーム[21]」

ヒロド歩美（アルプスリポート）「枝松さん、私は誰のまねをしているかわかりますか」

実況「足を結構高く上げました？　お、ライアンか」

ヒロド歩美「そうです、琉球のライアンこと大智くんの投球フォームなんです[22]」

福谷優弥投手の「フラミンゴ投法」は、動物のフラミンゴに似ていることから名付けられている。また、「ライアン」とは、山城大智投手のピッチングフォームがノーラン・ライアンという有名なMLB選手に酷似していることから名付けられている。特徴的なフォームは名付けられ、その投手にとっての代名詞になり、「サイドハンド」や「アンダーハンド」と同様に紹介されている。個性的なフォームは、実況だけではなく、応援席の情報を届けるアルプスリポートでも紹介される。そのなかで、BS朝日の中継では動きを交えたモノマネが中継中におこなわれ、フォームを特徴的なものとして印象付ける。このような構造には、メディアによる選手の「キャラクター化」の方向性が見て取れる。そして、その際には、前章で指摘したようにフォームの「癖」が前景化していると考えられる。

BS朝日の中継では、過去の選手たちとの比較に関する言及もある。BS朝日の解説・宇佐美秀文は、秋田商業高等学校の成田翔投手に対して「少しビデオを見ましたら、桐光学園の松井〔裕樹：引用者注〕投手に似てますね(23)」というコメントを残していて、過去に同大会やプロ野球で活躍している投手と比較している。さらに、実況の楠淳生の「どことなくその学校のエースの投げ方というのは似てくるものですかね(24)」という言及もある。これらのことから、ある程度は学校の伝統のようなものがあると想定したうえで、視聴者もそれらの情報を共有していることを前提として情報を発信している。

また、BS朝日ではNHKに比して、選手や監督のインタビューに基づく証言を紹介する手法も目立つ。たとえば「成田くんは躍動感、そして自信をもって投げてきますけど連投の影響はどうでしょうかね、とは相手の佐々木監督も言っていました(25)」と、試合前のインタビューによって明らかになった情報を試合中継中に実況が紹介する。NHKでもこうしたコメントを紹介することはあるが、その量はBS朝日のほうが圧倒的に多い。NHKでは七回、BS朝日では二十八回もこうしたコメントの紹介がある。同様に「修正」という単語がBS朝日では十一回、NHKでは七回使用されていて、BS朝日のほうが若干多い。「一回戦からの修正は成功と、ここまではみてよろしいですか？(26)」という発言のように、前の試合との比較などから、どのようにフォームの修正がおこなわれたかを解説者に確認する。また、「肘が下がっていたところを、いろいろコーチと相談して修正してきたという話です(27)」と、インタビューで明らかになった修正点などを紹介する。

また、過去の選手たちとの類比に関する言及もみられる。先ほどの秋田商業・成田翔投手に対しての言及である「桐光学園の松井投手に似てますね」のほか、興南高等学校の比屋根渉投手に対して、実況の伊藤史隆は、「あの五年前の島袋洋奨投手にどことなくイメージの似るフォームなんですよね[28]」と、現実に存在した数年前の投手と比較している。また、九州国際大学付属高等学校の野木海翔選手のコメントを、実況の沖繁義が以下のように紹介している。

実況「投球フォームが、田中将大投手、いまヤンキースで活躍していますが、その田中投手を参考にしていますと、話をしていました[29]」

実況「投球フォームごらんになってどんな印象ですか」
解説「そうですね、そう言われるとですね、田中投手になんとなく似てる感じがしますね[30]」

このように、参考にした投手をインタビューで紹介し、その類似性の高さを認める解説の声などもある。さらに、BS朝日では実況の松本稔が鶴岡東高等学校の福谷投手に対して「鶴岡東の四年前に似たような投げ方をする左ピッチャーがいたそうですね、それを監督から言われまして、こういう手の使い方、こういうフォーム試してみたらどうだと言われまして、福谷は独特なフォームに取り組んできました[31]」というインタビューを紹介したり、前述の楠淳生による「どことなくその学校のエースの投げ方というのは似てくるものですかね」と言及したりしている。

しかし、NHKではこうした数年前の投手と比較するような言及はみられない。そのため、NHKのほうが、普段は高校野球を観ない視聴者を想定している可能性が高い。

一方のＢＳ朝日でおこなわれたような言及は、インタビューを通してその投手が誰を参考にしているか、またその学校の伝統的なピッチングフォームというものがあることを示唆している。視聴者もそうしたことを念頭に置いているために、「Twitter」でも同じ学校の選手に似ているというような発言が多くみられる。

それでは、テレビ中継とは異なり、男女ともに様々な年齢層が使用していると想定される「Twitter」では、ピッチングフォームに対して、いったいどのように言及しているのだろうか。テレビ中継での特徴と照らし合わせながら考察していく。

「Twitter」では「似る」が三百二十五回、「そっくり」が五十九回、「思い出す」が三十一回、それぞれ言及があるように、ほかの投手などとの比較に関する言及が多い。ＢＳ朝日でも「似る」ということに関しての言及は十五回あったが、それらはいずれも過去の実在の選手たちに似ているとについての言及だった。「Twitter」では「ハンカチ」が三十七回、「斎藤」が百二十回、「佑」が百十一回あることから、「ハンカチ王子」とメディアが喧伝した斎藤佑樹投手と類似している、と多数言及されていると推測できる。

また、「ダイヤ」という語が三十二回言及されている。こうしたコメントは、「智辯和歌山の齋藤くんの投球フォームがダイヤのＡの沢村にしかみえない」「ダイヤのＡみたい、興南のエースもダイヤのＡの沢村のフォーム真似してるって！」というように用いられている。このように、『ダイヤのＡ』[32]という漫画に登場する投手のフォームとの類似関係を示す言及も散見される。こうした、漫画と比較してその投手の類似性を指摘するような言及は、ＮＨＫやＢＳ朝日ではみられない。

また、「フラミンゴ」「トルネード」など、BS朝日でも用いられていた固有的なフォームに関するツイートもある。「Twitter」で「ライアン」と発言された回数は九回であり、BS朝日の十回よりも少ない。学校名と同時につぶやくなかでは「ライアン」という言及がみられないのか浸透していないのかは定かではないが、「ライアン」というあだ名を押し出そうとしているBS朝日特有の現象の可能性がある。

このほかにも、「Twitter」に特徴的な点として美的な評価が多いことが挙げられる。「きれい」が八十五回、「綺麗」が四十一回、「美しい」が六回、「汚い」が二回、「かっこいい」が五十六回、「カッコイイ」が二回、「格好いい」が一回あった。これらはいずれも、NHKやBS朝日にはない特色である。また、「好き」が八十九回、「大好き」が二十一回、「嫌い」が五回と、嗜好に関する言及もみられる。解説者や実況者はこういった言及はしないものの、ピッチングフォームには嗜好性が反映される場合もあると考えられる。

そしてNHKやBS朝日同様に、「オーバー」という表現はみられない。つまり、「オーバースローである」ことは、テレビ中継と同様、視聴者もあえて言及するようなことではないと判断しているようだ。「サイド」は二十五回言及されていることから、「サイドスロー」であることには言及する価値があると考えられているのだろう。これに対して、テレビ中継では聞かれない「すごい」などの強調が二百三十三回もなされている。また「完璧」も二回あり、ある程度大げさな表現が散見される。このように「Twitter」では、強調表現や過度にピッチングフォームを評価する傾向がみられる。一方、テレビ中継でよくみられる「ゆったり」（NHKで十七回、BS朝日で五回）は十一とやや少なく、「オーソドックス」も六回と少ない。「ゆったり」としたフォームは、テレビの映像がなくてはわからないために言及が避けられている可能性があると考えることができるだろう。

ここまで、テレビ中継と「Twitter」でのピッチングフォーム批評の特色を明らかにしてきた。それらをあらためて確認すると、ピッチングフォームだけに着目しても、NHKとBS朝日の両放送局の間にも、一般視聴者と専門的な有識者の間にも差異があることが明らかになった。

第一の特徴として、NHKではピッチングフォームに対して解説者が多く言及し、ピッチングフォームを専門性が高いものとして認識する傾向があった。また、大げさな表現やキャラクターづけ、フォームに対して固有的な名称などをつけることもしない。ピッチングフォームをほかの選手などと比較することもなく、あくまでも野球をあまり知らない人に向けての放送だと考えられる。中継をしている試合から得られる情報を中心に視聴者に提供する傾向があるといえるだろう。対してBS朝日では、実況者が多くピッチングフォームについての発言をする。それはピッチングフォームに名称をつけているからだった。そのうえ、過去の選手たちとの比較なども多くみられる。インタビューなどの情報が盛んであり、解説者が現役の高校野球監督などであることも多いために実際の現場の話なども盛り込まれている。換言すれば、その試合だけではなく、前後関係やストーリーなどの要素を組み込みながら野球の試合を伝えていると考えられる。

そして「Twitter」では、当然ながら高校球児への配慮がみられない。そのために辛辣なコメントなども目立つ。またテレビ中継にはなかった嗜好性や美的判断などの言及も多くある。そして、テレビ中継（とくにBS朝日）が言及しているようなキャラクター性や、ほかのメディアとの比較もみられた。このように、「Twitter」、すなわち一般視聴者やファンは、テレビ中継や漫画などのメディアからの影響を受けながら野球中継を観ている。

4 ピッチングフォームの言語表現の分類と解釈

――「オーソドックス」と「変則性」の集合としての「独特」

本節では、野球のピッチングフォームの「オーソドックス」と、それと対比するように用いられる「変則」「独特」という概念について考察する。

ピッチングフォームには、「オーソドックス」という語が多く使われている。「オーソドックス」とは、広くは正統的・一般的などの意味だが、ボクシングをはじめとする格闘技では、「右利きの構え」を意味する。[33] しかし、二〇一五年の九州国際大付属の左投手に対しても「オーソドックス」という語が使われているため、ピッチングフォームに関しては左右関係なく用いられている。むしろ、ピッチングフォームに対して使われるオーソドックスという言葉の前提には、野球視聴者にとって、フォームとして何かしらの共通の「オーソドックス感」があると考えていいだろう。では、ピッチングフォームの「オーソドックス」とはどのようなフォームなのか。

NHKの解説である杉浦正則は、二〇一五年のドラフトで北海道日本ハムファイターズにドラフト指名された敦賀気比高等学校の平沼翔太投手に対して、「非常にオーソドックス」[34]と評価している。また、「ダイナミックなフォームから、足を高く上げて、足のリズムから上半身から非常にリ

図3-1　平沼投手のピッチングフォーム
（出典：NHK、2014年8月24日放送、第96回全国高校野球選手権大会準決勝第2試合、敦賀気比高等学校対大阪桐蔭高等学校）

ラックスしていると思いますね[35]」とも指摘する。実況者の佐々木佳典は、平沼のピッチングフォーム（図3—1）に関して「振りかぶってゆったりした間合いから投げてきますよね[36]」と評する。

以上のことから、平沼投手のピッチングフォームは「ゆったり」していること、また足を高く上げるなどの特徴があること、そして「ダイナミック」なフォームであることがわかる。また、敦賀気比高等学校対八戸学院光星高等学校の試合では、解説者が対戦相手の投手と平沼を比較して、「無駄のないフォームといいますか、平沼くんと対照的に無駄のない動きのなかからしっかりボールを放ちますよね。ですからコントロール重視のピッチャーだなあと思いますよね[37]」というコメントを残している。

平沼投手に対しては、もう一つ興味深い指摘がある。

解説「膝が汚れていますよね」
実況「ああ、右の膝ですか」
解説「最近のピッチャーにあまりいないんですけど、ここまで重心が下がって下半身が非常によく使われているという印象があるんですね」
実況「右の膝に土がつくということはそれだけ体重が前に乗ってい

る」

解説「低い位置で回転ができるという。以前の諸先輩方のですね、動きっていうのはそういうタイプのピッチャーがほとんどだったんですね[38]」

この会話では、重心が下がって下半身が使われていること、それに伴って右の膝が土に触れて汚れていることがわかる。そして「諸先輩方」といわれるように、歴代の多くの投手に、この特徴があることが示されている。平沼投手のピッチングフォームはこのような「諸先輩方」のフォームを手本として扱ったフォームだと考えられる。しかし、「オーソドックスなフォーム」という言及があったほかの投手のフォームをみると、必ずしも右膝に土はついていない。だが、その程度の差こそあれ「オーソドックス」といわれるフォームに共通していえることは、いずれも「低い重心」である。そしてそのきわめて典型的な例が、近年は減少傾向にあると指摘されている「右膝に土がつく」ことなのだろう。現に、重心が高いと思われる投手に対しては、「オーソドックス」という語は使われていなかった。ところで、「オーソドックス」なフォームは、一般的には好意的に解釈されるが、その一方で欠点として捉えて評価するような指摘もある。たとえば、「オーソドックスすぎてタイミングは取りやすそう」と「Twitter」でのコメントにもあるように、タイミングなどがある程度画一化されてしまい、打者にとってそのフォームが打ちごろになってしまっているという言及がある。

そのように考えるなら、「オーソドックス」は重心だけの問題ではない。重心以外にも、「オーソドックス」とされているフォームには一定のタイミングがあると考えられる。「オーソドックス」なフォームのタイミングについて考えてみよう。足を上げてから着地して腰が回って投げ終わるまでの時間が一定しているように映る投手はタイミングがとりやすいとされる。一方、平沼投手や山城投手は確かにゆっくりと足を上げている。彼らのリズムは、足を上げる時間が長いために独特であるように映る。足を上げる際に時間を長くすることが、いわゆる「タメ」といわれる動作だろう。

また、タイミングが早い投手についてはその言及がほとんどない。高校野球ではないが、プロ野球の日米野球の試合の際に特徴的なコメントがみられた。MLBで活躍する青木宣親選手は、以下のような発言をしている。

メジャーのピッチャーは、モーションが速いんです。いち・に・さん!で投げてくる。日本のピッチャーだと、いち、にーの、さんで投げてきますが、向こうのピッチャーはいち・に・さん!で投げてくるんです。(39)

「いち・に・さん!」で投げる投手は、日本では「オーソドックス」ではないと考えていいだろう。そして、日本の「オーソドックス」なタイミングは、あくまでも「にーの」と伸ばすこと。そして、この伸ばしが長ければ、それだけタイミングをずらすことができる、「タメ」があるフォームになる。平沼投手や山城投手は、「いち、にーーの、さん」のように、非常に長く「タメ」をつくって投球をする。一方、小孫竜二投手や岩下大輝投手は、どちらかといえば「いち、にの、さん」というタイミングで投げてくる。

「いち、にの、さん」のように投げ込んでくる投手は、「オーソドックス」であるために、ときとして、「タイミングのとりやすさ」が欠点として指摘される。そして、「いち、に、さん」というタイミングで投げ込んでくる投手については、この二大会では言及がみられず、日本人には少ないタイミングの取り方の可能性がある。

したがって、タイミングに関しての言及は二つに分類することができる。一つは「タイミング」という語を使って、打者が「タイミングがとりづらい」や、「投手の投げるタイミング」に着目した言及である。もう一方は「ゆったり」「ゆっくり」など、フォームの時間性に関するものである。しかしながら、こうした時間性の問題は「ゆったり」という遅い動きに対しての言及はあるものの、素早い動きについての言及は少ない。また、そうした「ゆったり」感は肯定的に捉えられている。

さて、「変則」についてはどうだろうか。変則的なフォームとして多く言及を集めたのは、二〇一五年大会の興南高校の比屋根雅也投手である。比屋根投手の投球フォームは、右足をやや右後ろに一歩引き、左足は横を向いている場面からスタートする。両手を腰のあたりに置いて、一呼吸あって振りかぶらないノーワインドアップの体勢から、両腕が頭の横よりも少し高い位置へと、前方から後方へと、ひねりを加えながら勢いよく動いていく。腰をひねりながら足も手と同様に高く上げる。足を高く上げた時点では右手にはめたグローブとそこに収まった左腕が膝を起点に下にある。右手は打者に完全に背を向けた状態からひねりを加えた上半身が反動をつけ、右手が外に振られる。右手は手首によってひねられて、踏み出した足は真っすぐではなく一塁方向へと下りていく。着地する直前に、一瞬「間」が生じる。着地してから若干低く沈み込み、そしてねじれから解放された上半身が、踏み出した脚を軸に、再び逆の方向へと回転を始める。グローブを抱え込むようにしながら、下半身と上半身で「く」の字を描き、肘からサイドスローぎみに投球がなされる（図3―2）。

図3-2　比屋根投手のピッチングフォーム
（出典：BS 朝日、2015年8月17日放送、第97回高校野球選手権大会準々決勝第4試合、興南高等学校対関東第一高等学校）

彼に対して、「Twitter」では「これ興南の子の変則フォームトルネードみたいで好き」や「琉球トルネード残念。変則フォームピッチャーはやっぱりみてて楽しい！」という声がみられた。「トルネード」という語が使われる理由は、彼が非常に大きく腰を回して投げるからである。トルネード投法はプロ野球などで活躍した野茂英雄投手に由来し、大きく腰をひねる動作がある投手に対して、トルネード投法という名称がつけられる。比屋根投手は確かに腰を大きく回すが、彼はそれだけで「変則的」なわけではない。比屋根投手に対する言及のうち、特徴的な会話があるので確認しよう。

実況「まずは投球フォームをごらんいただきましょう。大きく体を反って背番号一をバックネットの方向に向けて投げるピッチャーです」
解説「なんといってもこの投球フォームですよね」
実況「なんといってもこう、なんていいますかね、インステップして投げてきますので、右バッターのインサイド、左バッターのアウトサイドに角度がありますよね」
解説「この独特の投球フォームの比屋根に対して、岩見智翠館のバッターたちも、かなり対策を練ってきましたと、岩見智翠館の末光監督も言っていました(40)」
実況「インステップ、ですから踏み出した右足がこの画面でいうと右のほうに踏み出されるわけですね」
解説「そうですね」
実況「左バッターからするとどう見えるんでしょうか」
解説「背中のほうから見えるような感じですよね」
実況「バッターからすると見える角度が違うので、その見え方に気をつけたいという話(41)」

比屋根投手の投球フォームに対しては、トルネード以外にも「インステップ」や「角度」、それに伴う打者からみた視点などの話が盛り込まれている。インステップはクロスステップとも呼ばれ、踏み出す足が、右投手であれば三塁側、左投手であれば一塁側に偏っていることを指す。このような足の出し方をすることによって、打者からすれば「背中のほうから見えるような感じ」「見える角度が（通常の投手とは）違う」という効果を生み出す。多くの投手は、身体への負担がかからず、そしてコントロールがよくなるとされているために真っすぐ足を踏み出す。比屋根投手に対しても「興南のピッチャー、あのフォームは肩やりそうだけど怪我してないのかな?」「興南のピッチャーの投球フォーム、これで怪我なく投げれるんだから何かが長けているんだろう」と、「Twitter」上でけがについて心配されている。またテレビ中継でも、以下のような会話がある。

解説「これだけインステップすると、肩とか腰とかを回さないといけないので、体にかける負担というのはあると思いますね。ただそれが比屋根くんのリズムになっているので大きな問題はないと思いますよね」
実況「本人の投げやすいフォームで投げさせています、と我喜屋監督は話しています(42)」

ここでも同様にけがへの心配の声が上がっている。だが、リスクを認めながらも、比屋根投手の独特のフォームを肯定的に捉えている。さらには、そのインステップが通常ではありえないこともわかる。以下の会話をみてみよう。

実況「このフォームを習得するというのはずいぶん努力しなければならないでしょうね」

解説「基本的にピッチングする場合にはインステップはやめなさいというのが鉄則なんですけど、本当に極端にインステップですからね」
実況「それでありながら、これを習得すればかなりの特徴になるんですよね」
解説「そうですよね、バッターからしたらこんなに打ちづらいピッチャーはいませんよね。よく左対左は苦だ、なんていいますけど、右バッターの内側も本当に打ちづらいと思いますね[43]」
解説「ですからこのフォームで投げきるということになるとかなり下半身、上半身の強さが必要ですね。本来の投げ方とはかなり違う投げ方になりますから、そのぶん体の力が必要になります[44]」

背中が見えるほどに体をひねる、踏み出す足もインステップする、そしてこうした動作によって投げ込まれるボールは打者から見えづらいという「独特」性が強い比屋根投手だが、彼にはもう一つ特徴がある。それは腕が出る角度である。彼はオーバースローのように上から投げ下ろすような角度で腕を出さない。そして、こうしたフォームになった経緯について、「ただ相手からしたら出どころが見えづらい、タイミングが捉えづらい、そういうことを考えていたらこういうフォームになりました[45]」という本人の声が、アナウンサーによって紹介される。また、「Twitter」では「興南の比屋根くんのフォーム凄い、やばいな、今更ながら感動、尚且つあのフォームが出来る身体凄い。野球知識なんて全然ない私でも凄いフォームだってのは分かる」というコメントからもわかるように、比屋根投手の投げ方は一般的なフォームからかけ離れていて、野球知識が少ない人にとっても、そのフォームは「感動」まで呼び起こしている。このように様々な変則性があることは同時に投げづらく、また視覚的に際立つ。視聴者は、もちろんそうした際立った存在、すなわち平均的なフォームとはかけ離れたものに着目して「変則」と評する。

ほかにはどのようなフォームが変則的とみなされているのだろうか。典型的な例として、二〇一五年の健大高崎高校の橋詰投手を挙げて考えてみよう。彼に対して実況は「時折サイドだけでなくアンダーぎみにも投げてくる橋詰、変則的に投げてきます。これもアンダースローですね(46)」と言及する。また、「こちらは成田投手とは対照的にフォームも変え、いろいろな球種を織り交ぜながらというピッチャーです(47)」「お、ここは下から投げてきました。そうなんです、この人は横手からも下手からも投げることのできるピッチャー(48)」などと、フォームが変更されたことを強調する。つまり、様々なフォームから投げること自体が「変則」とみなされている。加えて、オーバースローではないフォームが「変則的」として捉えられている可能性がある。橋詰投手に対しては、「サイド／横手」というコメントがBS朝日では八回、NHKでは六回と強調するように紹介されていた。また、橋詰投手以外のサイドスローの投手には以下のようなコメントがなされている。聖光学院高等学校、船迫大雅投手に対する発言をみてみよう。

実況「右のサイドから投げてきます」
解説「非常に躍動感があってしっかり腕が振れていると思います」

実況「サイドから内外に投げ分けてきます」
実況「このダイナミック、躍動感のあるピッチングフォームどうでしょうか」
解説「初回から腕も振れてコントロールも安定していると思います(49)」

こうしたサイドスローの投手に対する言及をみていくと、躍動感に対しての指摘はあるものの、比屋根投手に使われていたような「独特」という表現はみられない。つまりサイドスローは一つの大きな類型化されたフォームであり、その大きな枠組みのなかに「オーソドックス」などのくくりがある。そして、それぞれ躍動感やステップの特徴などが付随する。サイドスローだけでは独特とはいえず、「独特」と表現される場合は、腕の角度以外の特徴を指す可能性が高い。反対に、あくまでも腕の角度がオーバースローではない、という場合には変則的と評される場合が多いと考えることができる。

したがってピッチングフォームの「オーソドックス」と「変則性」については、以下のようにまとめることができる。「オーソドックス」は、足の上げ方やタイミング、重心などのピッチングフォームを構成する部分的な要素に対して用いられる。もちろん、そうした要素を複合して捉えたうえでフォームの総体を「オーソドックス」と表す場合もある。そしてサイドスローやアンダースローは「変則」ではあるが、「独特」ではない。サイドスローやアンダースローにもそれぞれの「オーソドックス」がある可能性が高い。通常より足の上げ方が低い、あまりひねらないという「小さ」さ」についての言及はみられない。そして「独特」は足の上げ方や体のひねり方などが、ほかの投手と比較して突出して「大きい」場合、もしくはそうした逸脱性が「いくつも組み合わさった場合」に用いられる。

5 ピッチングフォームの「躍動感」と「ダイナミック」

前節では、ピッチングフォームの評価のうち「オーソドックス」と「独特」「変則」という概念を取り上げた。だが、当然ながらピッチングフォームを評価する要素はそれだけではない。すでにふれている要素もあるが、本節ではあらためて、それ以外の概念がピッチングフォームを評する場合にどのようにして使われているのかを明らかにしていく。

はじめに、「躍動感」という概念について考察する。すでにみてきたように、この言葉は「オーソドックス」な投手に対して使われていた。しかしその一方で、変則であり独特な投手である比屋根投手に対しても「七回の先頭バッター、二番バッターに対する投球は見違えるように躍動感もありましたけどね[50]」というコメントがみられる。そのため、変則や独特、オーソドックスなどのタイプの偏差に関係なく使われる概念であることがわかる。では躍動感という言葉は、どのような場面で使われているのだろうか。特徴的なコメントを紹介しよう。

〔大垣日本大学高等学校、滝野要投手に対して〕

実況「投げ終わったあとに右足がくるっと回る、この躍動感です」[51]

〔三重高等学校、今井重太朗投手に対して（バッターボックスで）〕

解説「投げても打っても躍動感というんですか、ぴょんぴょん跳ねて……」[52]

この二つのコメントをみるかぎり、「投げ終わったあとに足が回る」こと、そして投げるとき、もしくはその投げ終わりに「跳ねる」ことが躍動感を感じるようなフォームだといえるだろう。躍動感が「ない」というような否定的なコメントはみられない。だが、こうしたことから考えるに、投げ終わったあとに跳ねない、もしくは足が前に回ってこない状態を躍動感がない状態と考えることはできる。以上のことから、躍動感は投げ終わりに感じるものであり、厳密には投げる動作のあとに表象されているものだろう。

フォームとして語られる「躍動感」には、三つの考察を付け加えることができる。一つは、投手の調子のバロメーターになっているということである。「躍動感」という語が使われる際には、文脈上肯定的な評価をされている。前の試合やイニングと比較して躍動感があるほうが「いい」とされる。つまり、投手の調子について言及する際、解説者は躍動感の有無によって調子のよしあしを判断している場合がある。

もう一つは、精神性の問題である。「躍動感」があるフォームについては精神性と結び付けたコメントが多くされている。たとえば秋田商業の成田投手は、実況から「成田くんは躍動感、そして自信をもって投げてきますけど連投の影響はどうでしょうかね、とは相手の佐々木監督も言っていました」[53]と紹介されている。また中京大学附属中京高等学校の上野翔太郎投手に対しては、解説者から「上野くんの投球といいますかね、躍動感といいますかね、ここ一番の負けない投球ですね、気持ちを表に出せる好投手でしたね」[54]と言及される。このように、自信や「負けない」という精神性の強さを躍動感と同列に扱っていると考えられる。そうした自信などの肯定的な精神性を躍動感に見いだしているのではないだろうか。また、「オーソドックス」と評価される上野投手に対して「躍動感」という語で批評されていることも注目に値する。同時に、前述したように変則であり独特な投手である比屋根投手に対しても「七回の先頭バッター、二番バッターに対する投球は見違えるように躍動感もありましたけどね」というコメントがみられる。これらのことから、変則や独特、オーソドックスなど、タイプの偏差に関係がなく使われる概念であることがわかる。

さて、「このダイナミック、躍動感のあるピッチングフォームどうでしょうか」[55]のように、躍動感と並列して語られている場合も多い「ダイナミック」についてはどうだろうか。元プロ野球選手でMLBでも活躍した伊良部秀輝は、「メジャーリーグの投手は投球フォームがダイナミックだ――と、よく言われます。確かにメジャーの選手たちは身体が大きいし、投げ方もダイナミックな印象はある」[56]と述べる。しかし、投げ方のダイナミックさに対しての具体的な言及はしていない。テレビ中継中のコメントや「Twitter」でのコメントを参照すると、ダイナミックに関しては、投球のあとよりもむしろ、まさしく投げるための動作であるピッチングフォームに対して使われる場合が多い。たとえば、龍谷大学付属平安高等学校の高橋奎二投手に対して「足を高く上げてダイナミックなフォームから[57]」という解説のコメントや、鹿屋中央高等学校の七島拓哉投手に対しての「非常にダイナミックですね。特に上半身、体幹部分の筋力を十分に使ったピッチングですね[58]」という解説のコメントにあるように、下半身や上半身の部位は問わない。むしろ、下半身なら下半身、上半身なら上半身に力を感じる場合に「ダイナミック」と使われている印象がある。また、鹿屋中央高校の七島投手に対する以下のような会話もある。

解説「これだけテイクバックを大きくとって大きなモーションで、それでいてコントロールがいい投手というのはなかなかいないと思いますね」
実況「ダイナミックな投球フォーム、大きなテイクバックでもコントロールがいい理由としては何が考えられるでしょうか[59]」

この会話からは、「テイクバック」の大きさにダイナミックさを感じる場合があることがわかる。テイクバックとは投球する前に、腕が背中のほうに入る動きをいう。これがより背中のほうに入っているとテイクバックが大きいとされる。つまり、ダイナミックという語には、特定の動作の大きさに対して使われている。

その一方で「小ささ」についてはどうだろうか。「テイクバックが大きくなくバッターの方から見てあまり見えなくて、踏み出しもきかなく、無駄な動きをなくしてコントロールを重視した投げ方。角度がある[60]」や、「去年の夏以降、テイクバックを小さくするフォームに変えました。富山です。リリースが前になり、コントロール、そしてキレがよくなったと話をしていました」[61]というコメントにみられるように、「テイクバック」が「小さい」投手はコントロールのよさや、負担の少なさを指摘される。また、「腕の振りが小さいですから球の出どころ、見づらいかもしれないですね[62]」のように、テイクバックの小ささによってバッターからするとボールが見えづらくなることも指摘されている。つまり、テイクバックの大小に関しては、小さいほうが、コントロール、けがに対するリスクマネジメント、そしてバッターからの見づらさなどの点からメリットが多く、機能的な側面から評価されているといえるだろう。元プロ野球選手の吉井理人も、テイクバックのときに腕を後ろに入れすぎないことを推奨している[63]。また、テイクバックに関しては「Twitter」での言及数は多くない。そのため、テイクバックという概念を用いるには、ある程度の専門的な知識が必要だと考えられる。

6　ピッチングフォームの「きれいさ」と「かっこよさ」

ここまで本章では、「Twitter」でのツイートにみる一般視聴者のピッチングフォームに対する言及の特徴を挙げてきた。その結果、「きれい」などの美的判断をしていることが特徴だった。では、ここでいう「きれい」という言葉は、どういうフォームに対して使われているのだろうか。いくつか、「Twitter」でのコメントを紹介しよう。

「富山商のピッチャーめっちゃええやん！バランスのいいキレイなフォームで好きなタイプのピッチャーだ」

「秋田商業の投手は、いつも石川二世だなあ。フォームがきれいすぎる」

「中京のピッチャーとてもキレイなフォームで球筋も良くて好感が持てる。頑張ってほしい」

「健大高崎のピッチャー、アンダースローのフォームきれい」

「城北のピッチャーフォーム綺麗だなぁ、見ていて気持ちがいい」

中京大中京の上野投手、秋田商業の成田投手、富山商業高等学校の森田駿哉投手に対して、「きれい」という語が多く使われている場合が多い。彼らのフォームは、「オーソドックス」や、「けれんみがない」「くせがない」とも表現される。さらに、「秋田商のピッチャー、めちゃコントロールいいしフォームが理想的な綺麗さのサウスポー」や「秋田商業の投手は、上手くまとまったフォームで投げるなぁ」「フォームとしては秋田のピッチャーの方がまとまっていて良いフォームだと思う」というコメントにもみられるように、「まとまり」や「バランスのよさ」があることがわかる。そして「ノーマークだった秋田商のピッチャー成田だがこれから伸びていく可能性を感じさせ先が楽しみだ。ピッチングスタイルは高校時代の松井裕樹と同じストレートとスライダーの組み立てというスタイルでストレートは巨人、杉内のような球質でスライダーも似ている。フォームも綺麗で合理的。今日は言う事なし」というコメントに代表されるように、機能的な側面から「きれい」というコメントを導き出している。つまりピッチングフォームを想起する際に、思い浮かべることができるような理想が反映されているフォームに対して使われていると考えられる。

その一方で、「そういや俺が小学校六年くらいの時に天理のエースだった井口さんのアンダースローのフォームがすごく綺麗だったことを覚えてる」「あー！たのしかった！尚学も三重もおめでとう！ライアン山城のフォーム綺麗すぎた」というコメントもある。アンダースローの投手や、山城投手のフォームは通常想起されるようなフォームではない。機能的な側面から考えた場合でも、山城投手が出場した際に監督をしていた比嘉公也は「崩れる心配はあるんですけど本人がこのフォームがいいということでしたので、そのへんを尊重しました[64]」と懸念材料があることを述べていて、そのフォームに危うさがあることを認めている。アンダースローもまた、「アンダースローやサイドスローの投手たちは、（右投手の場合）体の左サイドの負担がかかる。（略）それだけ負担がかかっているということだ[65]」と、身体の負担が大きいことを述べている。つまり、視覚的に逸脱性が高く、希少性があり、それでいて機能的な「危うさ」が含まれているフォームだといえる。

他方、「かっこいい」という語が使用されて語られる投手もいる。たとえば、「かっこいい」に関する言及については、「中京大中京のエース上野くんまじかっこいいわ」「秋田商業のピッチャーの投球フォームかっこいいし、スライダーのキレが凄い」と、「きれい」と言われるような投手と同様に使われているものもある。春木有亮は、「「かっこいい」は、視覚メディア、あるいは「想像（イメージ）」と結び付けられていき、「かっこいい」に対する考察は、映像時代に対する考察と重ね合わせられていく[66]」と述べている。すなわち、映像としてのピッチングフォームに対して、こうした「かっこよさ」を含めたイメージに対する考察と言及があるのは、ある種、自然なことだともいえるだろう。

特徴的なのは、「変則」とされる投手に「かっこいい」という表現が多くなされることである。たとえば、すでに取り上げた変則とされる鶴岡東高校の福谷投手に対しては、「鶴岡東のピッチャーのフォーム、かっこいい。変則いいよなー」や「鶴岡東のピッチャー、フォームが独特でかっこいい」というように、変則や独特であることと「かっこいい」ことが並列で取り上げられる。また、比屋根投手に対しても、「興南のピッチャーすげえ投げ方するな。投球フォームかっこいい」と、「すごい投げ方」であるために投球フォームの「かっこよさ」を思わせるようなコメントが残されている。[67]そのほかにも、「創成館の左サイドのピッチャーかっこいい。変則好きには堪らんフォームしとる」というコメントもあり、変則的なフォームに対しての嗜好性と同時に「かっこよさ」への言及がみられる。

春木によれば、「かっこいい」とは、「中身に対する外見という表層ではなく、むしろ中身を成す「意味」の層であり、その意味は「思想的」でありもする」[68]という。また、「ある事物が、なにか（ほかの事物や、規範）に適合しているゆえに、「かっこいい」と判断されるというベクトルに対して、「かっこいい」と判断されるゆえに、なにかに適合しているある事物があることになるという逆のベクトルが在る、という構造によって、かっこいい事物が成立する」[69]としている。すなわち、ピッチングフォームに対しても同様に、人間工学的な判断での理にかなった、適合した「かっこよさ」がある一方で、規範性から外れたフォームに対しても多く「かっこいい」というコメントがなされていたといえるだろう。とりわけ、「オーソドックス」と評されるフォームに関しては、規範的な、理にかなったフォームと判断されていると考えられる。他方で、そうした規範に見合っていない、逆の方向性としての「かっこよさ」があるという。[70] そのようにして考えれば、「躍動感」や「変則」という要素は、オーソドックスでなく、理にはかなっていないものの、視覚的に際立ち、オーソドックスに対する反駁としての「かっこよさ」でありうるために、視聴者から多くの言及が集まっていると考えられるだろう。

「きれい」というコメントの場合は総体として整っている、オーソドックスな投手のほうに多く使われていたのに対して、「かっこいい」というコメントは、独特、または変則的な投手に対して多く使われている。

したがって、「きれい」や「かっこいい」などの語を使って美的判断がなされるケースには以下のような二種類がある。一つは、機能的に優れていると考えられ、バランスなどがいい「オーソドックス」な投手に近いもの。もう一つは、逸脱性が高く、何かしらの「危うさ」を含んだものである。そして、前者のフォームに対しては「きれい」という語が多く使われ、後者に対しては「かっこいい」という語がより多く選択されている結果になった。

では、「好き／嫌い」という嗜好性に関してはどのようなコメントがあるだろうか。嗜好性に関するコメントをみても、先に挙げたような投手たちに多くの言及がされている。たとえば、「オーソドックス」と評され、「きれい」とも言われる中京大中京の上野投手には「中京大中京、上野の投球フォームが好き。投げ終わったあと、利き手が跳ね上がって上を向くフォームが大好き」や、

「中京の上野投手は良い投手ですがバックスウィングをあまり取らないタイプで俺の好きなフォームじゃない」と、好き／嫌いを問わず言及が集まる。また同様に、「オーソドックス」と評されていた星稜高等学校の岩下投手にも「星稜のエースのフォームすきやなー」というコメントが残されている。

他方で、「変則性」が高く、「独特」で「かっこいい」というコメントがなされるのは興南の比屋根投手などである。比屋根投手にも、「興南のピッチャーのフォームすき」というコメントがなされている。このほかにも、「独特」だからこそ好まれていることがうかがえるコメントが多数寄せられていた。また、「比叡山のピッチャーのフォーム好き。点取られたけど」とあるように、「点が取られる」という結果に左右されることもない。さらに、特定の箇所に好意を抱き、フォームの総体を好んでいることがわかるコメントもあった。つまり、これまで論じてきたような、「独特」や「変則」、部分的な「躍動感」、そして「きれい」や「かっこいい」などの特徴が示される投手、もしくは機能的に優れていると思われる投手に対して、嗜好が表れやすいのである。

7 ピッチングフォーム批評から考えるメディアと視聴者の関係性

ここまで、ラジオ中継から受け継がれていると想定されるテレビの野球中継で、ピッチングフォームに対して解説者と実況者、そして視聴者がどのようなコメントを残しているかを確認してきた。

NHK、BS朝日の両放送局には、それぞれの特色と狙いがあった。NHKでは当該野球中継内での情報を重視し、その試合しか見ていない人にとってもわかりやすい放送になっている。対して、BS朝日の放送では、以前の大会やプロ野球選手との比較が多くおこなわれ、そうした知識を前提に話が進んでいる場合が多くあった。またインタビューを多く紹介するなど、NHKの放送と比較するとマニアックな内容が伝えられている。

他方で、NHKではピッチングフォームに対してある種の専門性を認め、技術論として語る傾向にあった。それに対して、BS朝日の放送では選手の個性や動きの癖を取り上げ、「キャラクター化」するはたらきが見て取れた。そして、マスメディアがキャラクター化した選手像を「Twitter」の一般視聴者も受容する語りを残していた。視聴者は、キャラクター化された選手像を享受し、またときに漫画などほかのメディアの選手を見いだしている。キャラクター化することによって、野球選手の動きをよりわかりやすく受け取ることができているファンがそこにはいる。そして、ファンは野球中継で発信された「キャラクター化」された選手像を自ら発信をすることもある。「Twitter」という媒体を考えると、別の「Twitter」利用者がそのキャラクター化を目にすることもあるだろう。

そして野球ファンは野球を視聴しながらも、ほかのメディアを想起することがある。当然、野球中継を観るだけではなく、野球漫画などほかのメディアを含めた「野球メディア」全体を見ながら、現実の野球とリンクさせているのである。

野球の実況と解説は目の前で起こったプレーについて語る。そして、ピッチングフォームなどの対象についても、そこに学校の「伝統」を見いだして伝え、特徴的な選手の動きを通してキャラクター化することもある。一つの動きには、それだけの要素が詰まっている。ファンはまた自身の嗜好や「美しさ」や「かっこよさ」に関するコメントをしている。いずれも投げるという同じ目的をもっているにもかかわらず、ある一つの動きに美しささえ見いだすのである。

重要なのは、ファンが自らの嗜好をもち、また野球中継に映し出されるピッチングフォームにある種の「美的な要素」を見いだしていることである。テレビ中継は動きを捉えようとし、それを伝える。ファンは伝えられた動きや、動きから連想されうる情報を受け取り、ときに違う情報やメディアとつなげ、またときには自らの嗜好と照らし合わせる。そこには、応援しているチームが「勝った」「負けた」というような観点ではない、運動に対する明確な興味とまなざしがある。

伝統や機能美を含めて、あるいはキャラクター化を通して、一つの動きが価値づけられていく。価値づけられたフォームは、解説者や実況者によって伝えられ、ファンはそれを受け取り、また自身でも発信する。そのようにして一つの動きは価値あるものとしてまるで一つの動きが一つの作品であるかのようにして語り継がれていくことになる。だとするのなら、やはりその作品をより近くで見たいと思うのもまた当然といえるだろう。そのために、メディアが発達し、またそのために我々は一つのピッチングフォームから様々な情報を読み取り、語ることができる。

以上のように、野球は一つの試合から読み取れる情報だけを楽しむことも、コンテクストのなかにその試合や動きを位置付けることも可能なのである。その試合も、動きも、メディアが伝えることの積み重ねも、それを受容し自らの言葉で発信するファンもまた、野球史を築くためにそれぞれ重要な存在である。

ファンは情報を受け取り、見るだけにとどまらず、メディアを通して野球をプレーすることもある。そうした観点から、次章では野球ゲームについて取り上げてみよう。

注

(1) 前掲『日本スポーツ放送史』

(2) 岡田光弘「スポーツ実況中継の会話分析」、前掲『現代メディアスポーツ論』所収

(3) 清水泰生/岡村正史/梅津顕一郎/松田恵示「スポーツとことば――「古舘伊知郎」とスポーツ実況」、日本スポーツ社会学会編「スポーツ社会学研究」第十四号、日本スポーツ社会学会、二〇〇六年、二五―四五、一一九ページ

(4) 松尾知之らの研究は以下を参照。松尾知之/平野裕一/川村卓「投球動作指導における着眼点の分類と指導者間の意見の共通性――プロ野球投手経験者および熟練指導者による投球解説の内容分析から」「体育学研究」第五十五巻第二号、日本体育学会、二〇一〇年、松尾知之/平野裕一/川村卓「発話解析から探る欠陥動作の連関性――投球解説の発話共起度によるデータマイニング」「体育学研究」第五十八巻第一号、日本体育学会、二〇一三年

(5) 中井正一、久野収編『中井正一全集 第一巻――哲学と美学の接点』美術出版社、一九八一年

(6) 同書四〇九ページ

(7) 勝部篤美『スポーツの美学』杏林書院、一九七二年

(8)寶學淳郎「スポーツとメディア――その歴史・社会的理解」、前掲『現代メディアスポーツ論』所収、一七ページ
(9)前掲『ファンから観たプロ野球の歴史』三六ページ
(10)前掲「「メディアの野球」の歴史に見る可能性と課題」九ページ
(11)同論考一五ページ
(12)山本浩「スポーツ実況論」、前掲『メディアスポーツへの招待』所収、一九四ページ
(13)飯田豊『テレビが見世物だったころ――初期テレビジョンの考古学』青弓社、二〇一六年、九七ページ
(14)前掲「スポーツ実況論」
(15)この点は、前掲「飛田穂洲における「武士道野球」と「型」」を参照のこと。
(16)ひぐちアサ『おおきく振りかぶって』既刊三十六巻(アフタヌーンKC)、講談社、二〇〇三年―
(17)田中モトユキ『最強!都立あおい坂高校野球部』全二十六巻(少年サンデーコミックス)、小学館、二〇〇五―一〇年
(18)森高夕次原作、アダチケイジ漫画『グラゼニ』全十七巻(モーニングKC)、講談社、二〇一一―一四年
(19)現在の「X」。
(20)二〇一六年では、「すべてのツイート」に、一三年では「最新」に相当する。
(21)BS朝日、二〇一五年八月十一日放送、第九十七回全国高校野球選手権二回戦第一試合、鳥取城北高等学校対鶴岡東高等学校、解説:松本稔、実況:山下剛
(22)BS朝日、二〇一四年八月二十二日放送、第九十六回全国高校野球選手権準々決勝第一試合、三重

高等学校対沖縄尚学高等学校、解説：山下智茂、実況：枝松順一
(23) ＢＳ朝日、二〇一五年八月十日放送、第九十七回全国高校野球選手権二回戦第三試合、龍谷高等学校対秋田商業高等学校、解説：宇佐美秀文、実況：清水俊輔
(24) ＢＳ朝日、二〇一四年八月十二日放送、第九十六回全国高校野球選手権一回戦第三試合、大分高等学校対日本文理高等学校、解説：高橋広、実況：楠淳生
(25) ＢＳ朝日、二〇一五年八月十七日放送、第九十七回全国高校野球選手権準々決勝第三試合、秋田商業高等学校対仙台育英学園高等学校、解説：岡田龍生、実況：清水俊輔。仙台育英の佐々木監督による相手高校の投手、成田投手に対する試合前インタビューでのコメント。
(26) ＢＳ朝日、二〇一五年八月十三日放送、九十七回全国高校野球選手権二回戦第二試合、東海大学付属甲府高等学校対下関商業高等学校、解説：奥本保昭、実況：小縣裕介
(27) ＢＳ朝日、二〇一五年八月十五日放送、九十七回全国高校野球選手権三回戦第四試合、作新学院高等学校対九州国際大学付属高等学校、解説：小枝守、実況：山下剛
(28) ＢＳ朝日、二〇一五年八月十七日放送、九十七回全国高校野球選手権準々決勝第四試合、興南高等学校対関東第一高等学校、解説：広岡正信、実況：伊藤史隆
(29) ＢＳ朝日、二〇一五年八月十三日放送、九十七回全国高校野球選手権二回戦第三試合、大阪偕星学園高等学校対九州国際大学付属高等学校、解説：荒井直樹、実況：沖繁義
(30) 同放送
(31) ＢＳ朝日、二〇一五年八月十一日放送、九十七回全国高校野球選手権二回戦第一試合、鳥取城北高等学校対鶴岡東高等学校、解説：松本稔、実況：山下剛
(32) 寺嶋裕二『ダイヤのＡ』全四十七巻（第一部、講談社コミックス）、講談社、二〇〇六—一五年

(33) 小倉伸一編著『スポーツ用語辞典 改訂版』三修社、二〇一一年、三五ページ
(34) ＮＨＫ、二〇一四年八月十七日放送、第九十六回全国高校野球選手権二回戦第四試合、春日部共栄高等学校対敦賀気比高等学校、解説：杉浦正則、実況：渡辺憲司
(35) ＮＨＫ、二〇一四年八月二十二日放送、第九十六回全国高校野球選手権準々決勝第二試合、敦賀気比高等学校対八戸学院光星高等学校、解説：杉浦正則、実況：伊藤慶太
(36) ＮＨＫ、二〇一五年八月八日放送、第九十七回全国高校野球選手権一回戦第二試合、明徳義塾高等学校対敦賀気比高等学校、解説：杉本真吾、実況：佐々木佳典
(37) ＮＨＫ、二〇一四年八月二十二日放送、第九十六回全国高校野球選手権準々決勝第二試合、敦賀気比高等学校対八戸学院光星高等学校、解説：杉浦正則、実況：伊藤慶太
(38) ＢＳ朝日、二〇一四年八月十七日放送、第九十六回全国高校野球選手権二回戦第四試合、春日部共栄高等学校対敦賀気比高等学校、解説：小枝守、実況：近藤鉄太郎
(39) 日本テレビ、二〇一四年十一月十二日放送、「2014 ＳＵＺＵＫＩ 日米野球」第一戦、侍ジャパン対ＭＬＢオールスターチーム
(40) ＮＨＫ、二〇一五年八月十一日放送、第九十七回全国高校野球選手権二回戦第三試合、石見智翠館高等学校対興南高等学校、解説：山口敏弘、実況：三浦拓実
(41) 同放送
(42) 同放送
(43) ＢＳ朝日、二〇一五年八月十七日放送、第九十七回全国高校野球選手権準々決勝第四試合、興南高等学校対関東第一高等学校、解説：広岡正信、実況：伊藤史隆
(44) 同放送

(45)ＮＨＫ、二〇一五年八月十七日放送、第九十七回全国高校野球選手権準々決勝第四試合、興南高等学校対関東第一高等学校、解説：前田正治、実況：渡辺憲司
(46)ＢＳ朝日、二〇一五年八月十日放送、第九十七回全国高校野球選手権一回戦第一試合、高崎健康福祉大学高崎高等学校対寒川高等学校、解説：本多利治、実況：小縣裕介
(47)ＢＳ朝日、二〇一五年八月十六日放送、第九十七回全国高校野球選手権三回戦第一試合、秋田商業高等学校対高崎健康福祉大学高崎高等学校、解説：比嘉公也、実況：伊藤史隆
(48)同放送
(49)ＢＳ朝日、二〇一四年八月十九日放送、第九十六回全国高校野球選手権二回戦第二試合、佐久長聖高等学校対聖光高等学校、解説：荒井直樹、実況：清水俊輔
(50)ＢＳ朝日、二〇一五年八月十一日放送、第九十七回全国高校野球選手権二回戦第三試合、興南高等学校対石見智翠館高等学校、解説：多賀章仁、実況：平岩康佑
(51)ＢＳ朝日、二〇一五年八月十二日放送、第九十七回全国高校野球選手権一回戦第四試合、藤代高等学校対大垣日本大学高等学校、解説：荒木淳也、実況：清水俊輔
(52)ＢＳ朝日、二〇一四年八月二十四日放送、第九十六回全国高校野球選手権準決勝第一試合、三重高等学校対日本文理高等学校、解説：大藤敏行、実況：小縣祐介
(53)ＢＳ朝日、二〇一五年八月十七日放送、第九十七回全国高校野球選手権準々決勝第三試合、秋田商業高等学校対仙台育英学園高等学校、解説：岡田龍生、実況：清水俊輔
(54)ＢＳ朝日、二〇一五年八月十二日放送、第九十七回全国高校野球選手権二回戦第四試合、中京大学附属中京高等学校対鹿児島実業高等学校、解説：永田裕治、実況：清水次郎
(55)ＢＳ朝日、二〇一四年八月十九日放送、第九十六回全国高校野球選手権二回戦第二試合、佐久長聖

高等学校対聖光学院高等学校、解説：荒井直樹、実況：清水俊輔
(56) 伊良部秀輝／吉井理人『最新最強のピッチングメカニクス——身体能力を120％発揮する投球フォームのしくみ』永岡書店、二〇一〇年、三〇ページ
(57) ＢＳ朝日、二〇一四年八月十一日放送、第九十六回全国高校野球選手権一回戦第一試合、龍谷大学付属平安高等学校対春日部共栄高等学校、解説：大藤敏行、実況：清水次郎
(58) ＢＳ朝日、二〇一四年八月十三日放送、第九十六回全国高校野球選手権一回戦第二試合、鹿屋中央高等学校対和歌山市立和歌山高等学校、解説：松本稔、実況：清水次郎
(59) 同放送
(60) ＮＨＫ、二〇一四年八月十八日放送、第九十六回全国高校野球選手権二回戦第一試合、三重高等学校対大垣日本大学高等学校、解説：鬼嶋一司、実況：冨坂和男
(61) ＢＳ朝日、二〇一五年八月十三日放送、第九十七回全国高校野球選手権二回戦第三試合、大阪偕星学園高等学校対九州国際大学付属高等学校、解説：荒井直樹、実況：沖繁義
(62) ＢＳ朝日、二〇一五年八月十二日放送、第九十七回全国高校野球選手権一回戦第四試合、藤代高等学校対大垣日本大学高等学校、解説：荒木淳也、実況：清水俊輔
(63) 前掲『最新最強のピッチングメカニクス』八五—八九ページ
(64) ＢＳ朝日、二〇一五年八月十四日放送、第九十七回全国高校野球選手権二回戦第二試合、津商業高等学校対鳥羽高等学校、解説：比嘉公也、実況：清水次郎
(65) 『プロ野球勝利の投球——連続写真で見る：往年の大投手から将来の名投手まで、球史に残る70投手』ベースボール・マガジン社、二〇一二年
(66) 春木有亮「「恰好」から「かっこいい」へ——適合性 suitability の感性化」、北見工業大学編「人間

科学研究」第十三号、北見工業大学、二〇一七年、一八ページ

（67）このほかにも、比屋根投手には「興南のピッチャー、フォームかっこいいー」というコメントを中心に、多くの「かっこいい」という表現がなされていた。

（68）前掲「「恰好」から「かっこいい」へ」一九ページ

（69）同論文二二―二三ページ

（70）同論文

第4章　野球のデジタルゲームの展開と構造

1　なぜ野球ゲームをプレーするのか

なぜ人々は野球ゲーム(1)をプレーするのだろうか。野球は年間何百試合もおこなわれ、それらがテレビで放映されている。現地で野球観戦をするわけでもなく、テレビを通して野球を観るわけでもない。また実際に草野球をするのでもなく、野球ゲームをする、とはいったいどのようなことなのか。

筆者が調べただけでも、一九七〇年代から二〇一〇年代までに四百六十本以上の野球ゲームが発売されている。そして、それらのゲームのほとんどは「野球」というスポーツを疑似体験するようなものである。野球中継が数多く放映されるなかでも、同じ野球というテーマのもとで年間平均約十本ものゲームが発売されている。これだけの需要がありながら、ゲーム研究の分野でも野球史研究の分野でも、野球ゲームを中心的に取り扱った研究はあまりされていない現状がある。

多くの野球ゲームが発売され、野球ゲームをプレーする人々が一定数いる以上、そこにはテレビなどを通して視聴する野球やスポーツとしてプレーする野球とは異なる欲望と需要があるのではないか。そのために野球ゲームは、これまで野球中継や既存のメディアとは異なる構造をもち、展開してきたのではないか。

小野憲史は野球ゲームについて、「野球ゲームの映像史に視点を移すと、ゲーム的な面白さの表現からスタートした野球ゲームが、テレビやラジオなどの現実の野球中継の手法を取り入れながら、テレビゲーム独自の演出スタイルを確立した過程、とまとめられるだろう」(2)と指摘している。さらに、小野は続けて以下のように述べる。

テレビゲームは映像をインタラクションに操作して楽しむという、他の映像メディアにはない独自の特性を持つ。野球という題材においても、基本的に受身で楽しむ野球中継と、能動的に楽しむ野球ゲームでは、求められる映像表現や映像演出はおのずと異なってくる。(3)

ほかの映像メディアというのは、ここで論じているのが野球ゲームであることを考えれば、おおよそテレビの野球中継のことと推測される。テレビの野球中継と野球ゲームを比較したうえで、野球ゲームにはテレビにはない特性があるという。もちろん、野球ゲームの映像表現と、テレビの野球中継の演出が異なることは想像にかたくない。しかしながら、野球ゲームと野球中継に共通点があるということも忘れてはならないだろう。

両者の共通点を端的にまとめれば、人数を集めずに一人でも楽しめる、という点である。野球ゲームとテレビの野球中継はどちらも、テレビの前で一人で楽しむことができる。そのために、野球ゲームはテレビで放映される野球中継の延長線上に置くことができるだろう。

それでは、野球ゲームはどのような変遷をたどりながら、野球中継の手法を取り入れていったのか。本章では、初期の野球ゲームの変遷や歴史を追いながら、野球ゲームの「ストーリー」の問題と、野球ゲームの「実名性」もしくは「個人性」について、さらには野球ゲームの「画面構成」の問題などについて考察する。そして、それらを通して、テレビの野球中継との親和性について考察したい。

論点を先取りするが、とくに実名性や画面構成という要素は、野球ゲームが語られるなかで、「画期的な面」として紹介されている。しかし、そうした要素が重要であることは紹介されているものの、どのように、なぜ重要なのかということについては論及されてこなかった。他方、野球ゲームのストーリーについては、これまで論及自体もほとんどされていない。確かに、後述するように初期の野球ゲームにはストーリー性はほとんどない。だが、その後の野球ゲームには、ストーリーが用意されるなどの工夫がなされていく。

以上の理由から、本章では、ストーリー、実名性、さらには野球中継と野球ゲームの画面構成に関する親和性について取り上げながら、野球ゲームの変遷をたどっていく。そして、それらを通して、野球ゲームの展開と構造を明らかにしたい。

2 初期野球ゲームの変遷

ゲームクリエーターである伊藤ガビンは、最初期の野球ゲームが一九七六年の『ボールパーク』(タイトー、一九七六年)だとしたうえで、このゲームは野球ではなく「野球盤」をモチーフにしたものだと指摘する。[4]「野球盤」は五八年にエポック社から発売されたボードゲームである。打球が飛んだ位置でヒットやアウトが決まるこのゲームは一世を風靡した。

また、一九八三年発売の『チャンピオンベースボール』(セガ)や、八六年発売の『プロ野球ファミリースタジアム』(ナムコ)では、「メディアを通してみた野球[5]」という傾向が強くなったという。

『チャンピオンベースボール』では、審判の「ストライク!」という声やウグイス嬢によるアナウンス、さらには野球中継のオープニング曲のようなものを流す演出がみられると指摘されている。[6]テレビの野球中継のオープニングや、球場ではほとんど聞こえない審判の声が時折聞こえるという点には、確かに「メディアを通してみる野球」という要素を見いだすことができるだろう。

また『プロ野球ファミリースタジアム』(以下、『ファミスタ』)は、「実際の日本のプロ野球の選手たちをもじった選手名（クロマティ＝くろまて、など）、個人データの充実、先発やリリーフを選んだりという監督としての楽しみ、そして試合後にはスポーツ紙「ナムコットスポーツ」による結果速報が加わる」[7]ようなゲームだった。こうした点を前提にしながら、「ファミコン通信」（アスキー――KADOKAWA、一九八六年―）の編集部のアルツ鈴木は、一九八九年の時点で野球ゲームについて『ファミスタ』を中心にふれている。[8]鈴木は、『ベースボール』（任天堂、一九八三年）の人気にふれながらも、『ファミスタ』の画期性について、以下のように述べる。

オートマチックだった守備をマニュアルに替えたのもそうだが、実際のプロ野球選手に似せたデータで各選手の個人性を出したことが大きい。それによってプレイヤーの思い入れが強まった。試合終了後には画面にスポーツ新聞が出て、試合結果が発表されるというようなオマケもうれしかった。そして、ごぞんじのとおり、『ファミスタ』は爆発的な人気を呼び、他のゲームメーカーに対して野球ゲームがドル箱であることを証明してみせたのだ。[9]

鈴木の指摘は野球ゲームを総括するうえで非常に重要な示唆だが、ここでは主に三つの重要な事柄について言及している。第一に、オートマチックだった守備をマニュアルに変えたという点であり、第二に個人性という概念を導き出している点である。そして第三に、スポーツ新聞が導入されるという、テレビ以外のマスメディアの介入である。第一の点と第二の点については後述するが、ここではとりわけ第三の点、すなわち新聞というテレビ以外のメディアを導入したという点を強調しておきたい。

『ファミスタ』内の架空のスポーツ紙「ナムコットスポーツ」は、野球ゲームの試合終了後の画面で、試合結果の速報を伝える。こうしたおまけ要素によって、「メディアを通してみる野球」という側面がさらに強くなるといえるだろう。

次いで、『ファミスタ』の半年後に発売された『燃えろ!!プロ野球』(ジャレコ、一九八七年)について、鈴木は以下のように評する。

人気はすごくて、『ファミスタ』派と『燃えプロ』派ができたほどだった。しかし、野球のルールからはずれてしまう場面があり、システムとしては完成されていないという印象が残る。(10)

この当時、『ファミスタ』派と『燃えプロ』派という二大勢力があったのは興味深い。そして、その後、野球ゲームは多様化し、様々なメーカーから多数のタイトルが発売される。一九八九年の時点で鈴木は、『エキサイティングベースボール』(コナミ、一九八七年)、『究極ハリキリスタジアム』(タイトー、一九八八年)、『がんばれペナントレース!』(コナミ、一九八九年)、『ペナントリーグ ホームランナイター』(データイースト、一九八九年)、『ベースボールスターー』(SNK、一九八九年)を挙げている。(11)このほかにも、『ベストプレープロ野球』(アスキー、一九八八年)や『ファミコン野球盤』(エポック社、一九八九年)、『これがプロ野球'89』(インテック、一九八九年)など、この時期には多くの野球ゲームが発売されている。

そして、同時期に発売されたこれらのゲームにはある共通点がある。それは、ストーリー性のなさである。これらは現実の野球をデジタルゲーム上で表現したものであり、ゲーム制作者側がいわゆる「物語」を用意していない。それでは、野球ゲームの物語、ストーリーとはどういうものなのか。次節からは、野球ゲームにストーリーが導入される過程と、その意義について論じたい。

3　野球ゲームのストーリー

野球ゲームのストーリーには、どのようなものがあるのだろうか。すでに述べたように、初期の野球ゲームには、とくにストーリーが用意されていない。ここでのストーリーとは、ゲーム制作者が立てた一本の筋道、小説やドラマのような一つの「大きな物語」のようなもののことを指す。

初期野球ゲームでは、制作者の側がそうした物語を用意することはしていなかった。ストーリーがあったとしても、それはプレーヤーの側が見いだすものだった。ゲーム側が用意しているのは、選手と、野球というスポーツそのものの遊び方だけである。そのため、むしろ物語はプレーヤー自身がつくる。特定の選手をもじった――たとえば、「くろまて」のような――ものから、選手のライフストーリーや実際の活躍をプレーヤーが見立てる。そのようにして野球ゲームをプレーしていたのではないだろうか。

換言すれば、野球ゲームで表象されている選手、あるいは球場などは、すべて現実の野球を模倣してゲーム上でつくられたもの、表現されたものである。

そのためにプレーヤーは、――どうしてもストーリーを用意したい場合には――現実の選手のサイドストーリーをそこに投影してプレーすることになる。プレーヤーの側が、ストーリーを想像的につくりあげるのである。もしくは、選手を「動かす」ことや、野球をテレビゲーム上で対戦するということに重きが置かれていた。

しかし、一九九〇年には『水島新司の大甲子園』がカプコンから発売される。このゲームは、『ファミスタ』のように、選手を「動かす」ことはない。漫画『ドカベン』シリーズのキャラクターたちが登場するこのゲームは、漫画のストーリーと同様に進行する。九〇年という比較的早い段階で、漫画というメディアとコラボレーションをしている点は特筆すべきだろう。

このゲームでは、主人公たちが所属する高校（明訓高校）が、漫画の対戦順で、漫画で展開されたような試合シーンを繰り広げていく。ゲームの進め方も、プレーヤーは選手を動かすのではなく、「選択」をするだけである。打者を操作する際は、「打つ」「見送る」「バント」などの作戦を選択する。「打つ」であれば、スイングの強弱、どの高さやコースを「狙う」のかを、九分割されたストライクゾーンの枠から選択する。投手も同様に、投げる変化球やストレートの力加減を選択し、投げるコースを九分割された枠から選択する。こうした選択の駆け引きを繰り返すことによって試合が、ゲームが進行していく。漫画の展開をなぞりながら自らゲームを進めていけば、漫画を読み進めるよりも能動的にその世界に入り込むことができるだろう。それは、見知ったキャラクターを自ら動かすことができるという欲求を満たし、また漫画では表現されていない「余白」を埋めながら、紙面ではなく映像で表現されるキャラクターたちを享受することにもつながる。

そして、野球ゲームのジャンルに大きな影響と功績を残し、現在でも人気がある野球ゲームシリーズ『実況パワフルプロ野球』(以下、『パワプロ』)には、「シナリオ」というモードが掲載されていた。

シナリオモードは、『パワプロ』シリーズの最初の作品である『実況パワフルプロ野球'94』[12]に登場する。このモードには日本のプロ野球球団十二球団分のシナリオが用意されていて、それぞれのシナリオは実際にあった野球の試合を、まさしく焼き直すためのものである。たとえば、「1、天王山対中日戦 難易度4――15回裏の守り2対1」では、現実にあった試合の十五回裏をゲーム上でプレーすることができる。全く同じシチュエーションから始まり、現実と同じような結果になることを目指す。これはリアルではできない、もしくは、非常に再現が難しい試みだというのは想像にかたくないだろう。

ここでの「シナリオ」も、制作者側がつくったものではなく、現実にあった偶然的な試合を再度ゲーム上で展開している。つまり、現実にあった試合、それもテレビなどのマスメディアを通して受容された試合を焼き直していることは注目に値する。現実にあった試合内容を野球ゲームに移入することによって、当該球団のファンはその試合の感動を想起することができる。また、高難易度の「シナリオ」に関しては、野球ゲームのプレースキルが求められる。そのため、自らの野球ゲームスキルの腕試しのような側面も、「シナリオ」モードが導入された背景にはあるだろう。そして、数々の試合をクリアしていくことによってクリアをコレクションする、という欲望を満たすこともできる。

このような現実の試合をゲームで再度表象する試みは、一つの試合を「記録」し、選手のデータや名前という面から、野球を「アーカイブ化」しているともいえる。当時を知る者は、ときに昔のゲームをプレーして、その時代の選手に思いを馳せる。その試合を知りながら未来にそのゲームをプレーする者は、野球の記録的な側面を通してノスタルジーに浸ることもできる。また、その試合を知らない者にとっては、名試合の発見の場になりえる。(13)

ところで、この『パワプロ』シリーズには、一九九六年に発売される『実況パワフルプロ野球3』(14)から「サクセス」というモードが搭載される。これは、RPG(ロールプレイングゲーム)のように、制作者側が用意したストーリーを進めながら、選手を育ててプロ野球選手を目指すというものである。プレーヤーは、試合や練習、イベントを通してもらえる経験点を使用して、より高い能力値の選手をつくることを目指す。つまり、選手の「数値化」によって、RPGのような楽しみ方もできるようになった。この「サクセス」の登場は、野球ゲームに非常に大きな衝撃を与えた。それは、野球をただプレーするだけではなく、ストーリーをクリアする喜びや、それまではできなかった架空の選手をつくる喜びなどを与えたからである。漫画に登場する選手を作成する、もしくは友人や自分の能力を数値化したうえでキャラメイクをするなど、新しい遊び方がされるようになっていった。加えて、最終的に作成されるキャラクターをよりよい選手にするために、様々な効率化と攻略が図られ、さらにはストーリーに登場する「サクセス」オリジナルのキャラクターも人気を博した。以降、『パワプロ』シリーズで、この「サクセス」は看板モードになっていく。

以上のように、初期の野球ゲームは「対戦」ゲームとして捉えられていた。そのためわざわざストーリーを用意する必要はなかったと考えられる。それまでの野球ゲームの物語の要素は、マスメディアを通して受容された「現実にある野球」を再度ゲーム上で展開するか、プレーヤーが創作するか、または漫画の展開の焼き直しだったといえるだろう。それが、能力の「数値化」が進んだことによって、ＲＰＧのように選手を「育成」することが可能になり、野球ゲームにも制作者によるストーリーが用意されることになる。

そのようにして、ストーリーや選手を育成するという新たな構造を用意したからこそ、野球ゲームがはじめて現実の野球、もしくは単に「メディアを通してみる野球」ではなく、野球ゲームの独自性を高めていくことになったのではないだろうか。そして同時に、それこそが「野球ゲーム」の魅力になり、野球ゲームをするという欲望が生まれたと考えることができるだろう。

次節からは、実名性の問題を考察することによって野球ゲームの構造の一端を明らかにしていきたい。

4 野球ゲームの選手の個人性――『ファミスタ』から『パワプロ』へ

野球ゲームで、「実在する選手」の問題は重要である。すでに指摘したとおり、『ファミスタ』シリーズの画期的な点の一つは、「実際のプロ野球選手に似せたデータで各選手の個人性を出したことが大きい」ということだった。この点について、ゲームジャーナリストの小野憲史は、『ファミスタ』シリーズのプロデューサー小野泰の言葉を紹介する。それによれば、「我々は『ベースボール』の大ファンだったが、選手やチームの個性、投打の駆け引きの要素が足りないと感じていたので、その点を追加するようなゲームデザインを心がけた[15]」という。つまり、『ベースボール』に投打の駆け引きや守備操作、さらには個人名を出すことによる個性を追加したのが『ファミスタ』の特徴であり、それが画期的だったからこそ人気を博すシリーズになっていった。

確かに、一九八六年発売の『プロ野球ファミリースタジアム』では、実際のプロ野球選手がひらがな表記の実名（もしくは仮名）で登場する。仮名で登場する人物は、基本的に濁点を一字と数えた五文字以上の名字をもつ選手である。たとえば、「平野」は「ひらの」と、そのままひらがなにされているが、「杉本（すぎもと）」は「すきもと」のように表記される[16]。こうした表記がされる理由は当時のソフトの容量にあり、仮名で選手を登場させている場合、その多くは肖像権や当該選手への気遣いではなく、むしろ五文字以上の名前を登録できないなどというソフト側の制約だった。現にナムコはこの当時、『ファミスタ』シリーズを発売する際に、NPBや選手会に許可をとっていない。ナムコがNPBから正式に認可を得たうえで実名選手を登場させるのは九二年のことであり、ファミコンではなくスーパーファミコンのソフトである『スーパーファミスタ』（ナムコ、一九九二年）になってからである。

しかし、仮に本名ではなく仮名だったとしても、当時のプロ野球を知る者であれば、それが「誰か」ということは瞬時にわかる。ゲームに登場するキャラクターは、ひげや肌の色、顔、体形などに違いはなく、すべて同じである。それでも、このゲームをプレーする者は、そこに特定の選手を見いだす。プレーヤーは実名や似たような名前から個人を特定し、特定の選手として認知できるのだ。

実名性に関しては、一九九四年に発売される『実況パワフルプロ野球'94』にも引き継がれている。コナミもNPBと契約をしたうえで選手を登場させているが、『ファミスタ』と同様、選手はユニフォーム以外は同じ顔、同じ体形である。表示されているのは選手の実名とその年度の成績である。『ファミスタ』シリーズがそうだったように、『パワプロ』シリーズでもプレーヤーは、選手の成績である「数字」と「名前」から選手を断定する。

しかし、『パワプロ』シリーズが『ファミスタ』シリーズと決定的に異なる点は、選手一人ひとりに数値化された能力を与えたことである。『パワプロ』は、ミート、パワー、走力、肩力、守備をAからGの七段階で評価して選手に与えている。そして、そうした能力値をプレーヤーにも見えるように設定している。(17)

実名選手は、それ以降の野球ゲームに不可欠な要素になっていく。コナミは一九九九年にNPBと独占契約を結び、ほかのゲーム会社がNPBの選手を実名で登場することを防ぐ。コナミ以外の会社は、これによってゲームに実名選手を登場させることが難しくなったのである。のちに、こうした契約は独占禁止法に抵触するということで問題になる。(18)こうした問題について、公正取引委員会は以下のようにまとめている。

野球機構との間で、平成十二年四月一日から三年間を期間として、プロ野球ゲームソフトへの独占的使用許諾契約を締結し、その際、本件知的財産権を特段の合理的な理由がない限り、コナミ以外の家庭用ゲームソフトメーカー（以下「ソフトメーカー」という。）に再許諾することにしていたにもかかわらず、ソフトメーカーとの再許諾契約の締結に関し、一部のソフトメーカーとの再許諾契約の締結を遅延させ、又は、いわゆる肖像権問題を理由として再許諾契約の締結の申請を受け付けないことによって、これら一部のソフトメーカーによるプロ野球ゲームソフトの新製品の発売を遅延させ、又は断念させた疑いのある行為が認められた。[19]

独占してまで実名を用いたいというのは、実名を使用することの重要性の証左だろう。換言すれば、現実のプロ野球、もしくはプロ野球中継を思わせる要素が多ければ多いほど、野球ファンは野球世界を、野球ゲームを楽しむことができるといえる。

さて、ここまで実名性の問題に関して論じてきた。しかし野球ゲームで、特定の個人とキャラクターを結び付けるために必要なもう一つの要素がある。それが「フォーム」だ。

たとえば、『ファミスタ』シリーズでは、「やまだ」（山田久志）がアンダースローで投球する。また、『パワプロ』でも野茂英雄がほかの選手とは異なるトルネード投法で投げ込む。つまり、野球ゲーム、ひいてはスポーツゲームで重要になるのは、キャラクターの静止画のようなグラフィックではない。むしろ、「動きの表象」こそが重視される。現に、『パワプロ』シリーズでは、二〇〇八年の『実況パワフルプロ野球15』[20]まで、選手の顔はすべて同じグラフィックであり、外見上の違いはチームごとのユニフォームの部分と肌の色だけだった。にもかかわらず、投球フォームは全百三十六種類（オーバースロー六十八、スリークォーター四十三、サイドスロー二十、アンダースロー五）、打撃フォームは全百七十五種類（スタンダード九十、オープンスタンス五十三、神主一、クラウチング十二、振り子一、バスター一、一本足一、オリジナル七）も用意されている。その後、データの容量が増えたことで、『パワプロ』シリーズでは個別の顔が設定できるようになる。顔のグラフィック設定ができるようになるのは、フォームを用意するより、かなり遅れている。このように、野球ゲームでは長い間野球選手を顔よりもむしろフォームで再現していた。それだけの数の「個性」あるフォームを再現することで、――そこに成績や能力値などを付与して――選手に個人性を与えていると考えることができるだろう。もちろん、ゲーム容量の増加などに伴い、グラフィックも進化していく。コナミがのちに発売する『プロ野球スピリッツ』シリーズでは、選手の顔や体形を含めて、よりリアリティーがあるものになっている。しかしながら、実在する選手が登場し、また選手の能力値を可視化していること、さらにはフォームをかなりつくりこんでいることに変わりはない。

ここまで、『ファミスタ』シリーズで実名選手が登場したことを指摘した。その実名性は『パワプロ』シリーズにも引き継がれた。そのうえで、能力の可視化やプレーヤー自身が選手をつくれること、また「サクセス」や「シナリオ」のようなストーリー性があるモードが展開されることになる、ということを指摘した。それらは、『パワプロ』シリーズの功績として認められる部分だろう。

加えて、『パワプロ』シリーズには、さらに功績がある。そのうちの一つが、キャラクターデザインである。『パワプロ』シリーズには、「パワプロ君」と呼ばれるキャラクターが登場する。「パワプロ君」はほぼ三頭身のキャラクターで、肘関節や膝関節もない。帽子をかぶっていて、それだけで「野球のキャラクター」だと認知はできる。先に挙げたようなフォームなども、そうした肘や膝がないにもかかわらず、「それとなく」表現されているのである。「パワプロ君」に関して、小野は「頭部と胴体のデータを別々に持つことで、パワプロ君がゴロを捕球したあと、ランナーを目で牽制する動きも可能になった[21]」と指摘している。また、目でランナーを牽制する動きだけではなく、きわどいストライクゾーンに投げられたあとに審判を振り向く動作なども導入されていた。そうした操作性やキャラクターの動きに対して、小野は、「一見すると非リアルだが、遊ぶとリアルに感じられる、「脳内野球」とでも言うべき表現スタイルが確立[22]」したと指摘している。このようなキャラクターデザインは没個性的であるために、逆に実名性がある具体的な個人を投影しやすいという特徴もあるのではないか。また、ここまで述べてきたように、成績や能力値、あるいはフォームという要素をもって特定の選手を感じさせるという工夫もみられる。

以上、野球ゲームに登場するキャラクターのデザインは現実に実在する選手であるとプレーヤーが思いやすいように表現されている。そして、ある選手を特定の選手であると同一視できるような表象の仕方をしていることは、野球ゲームと実名性の関係を考えるうえで、重要な要素だといえるだろう。

野球を観ている際に、「なぜできないのか」「なぜ勝てないのか」といらだつファンもいるだろう。そうしたファン=プレーヤーにとっては、実在の選手を好きに動かせるということは、ある種の欲求を満たすことにつながるのではないか。次節からは、そうしたプレーヤーたちがどのような画面で野球ゲームをプレーしてきたのかを論じていく。

5 野球ゲームの画面構成と野球中継との相互作用

本節では野球ゲームの画面構成について考察していく。ゲーム研究者であるイェスパー・ユールは、「スポーツゲームの場合は、スポーツが典型的にテレビを通して見られるという事実もまた、当のゲームのあり方に影響を与える[23]」という。また、小野も、「ゲームの映像表現は、ハードの進化とともに段階的に発展していく中で、ほかの映像メディアの表現を取り込みながら、独自のスタイルを確立させてきた[24]」と指摘する。そのうえで、野球ゲームの映像発展を「アニメーションやカメラワークなど演出面の進化が相互に絡み合って発展した歴史[25]」だとまとめている。こうしたことから、野球ゲームの場合であれば、当然、野球のテレビ中継との関係性から考えるべきだろう。

もちろん、デジタルゲームならではの難しさもあると考えられる。吉田寛は、『ファミスタ』では選手とボールの座標を、ボールの影から推測して合わせなければならないという特殊な操作性を指摘したうえで、プロ野球選手が必ずしも野球ゲームがうまいわけではないことについて言及している[26]。また松本健太郎も、『ＭＶＰベースボール2005』（エレクトロニック・アーツ、二〇〇五年）を例にとり、実際の野球にはないインジケーターを確認してボタン操作をする必要性について指摘する[27]。しかしながら、『ファミスタ』が画期的だったことについて、アルツ鈴木は前述のように「オ

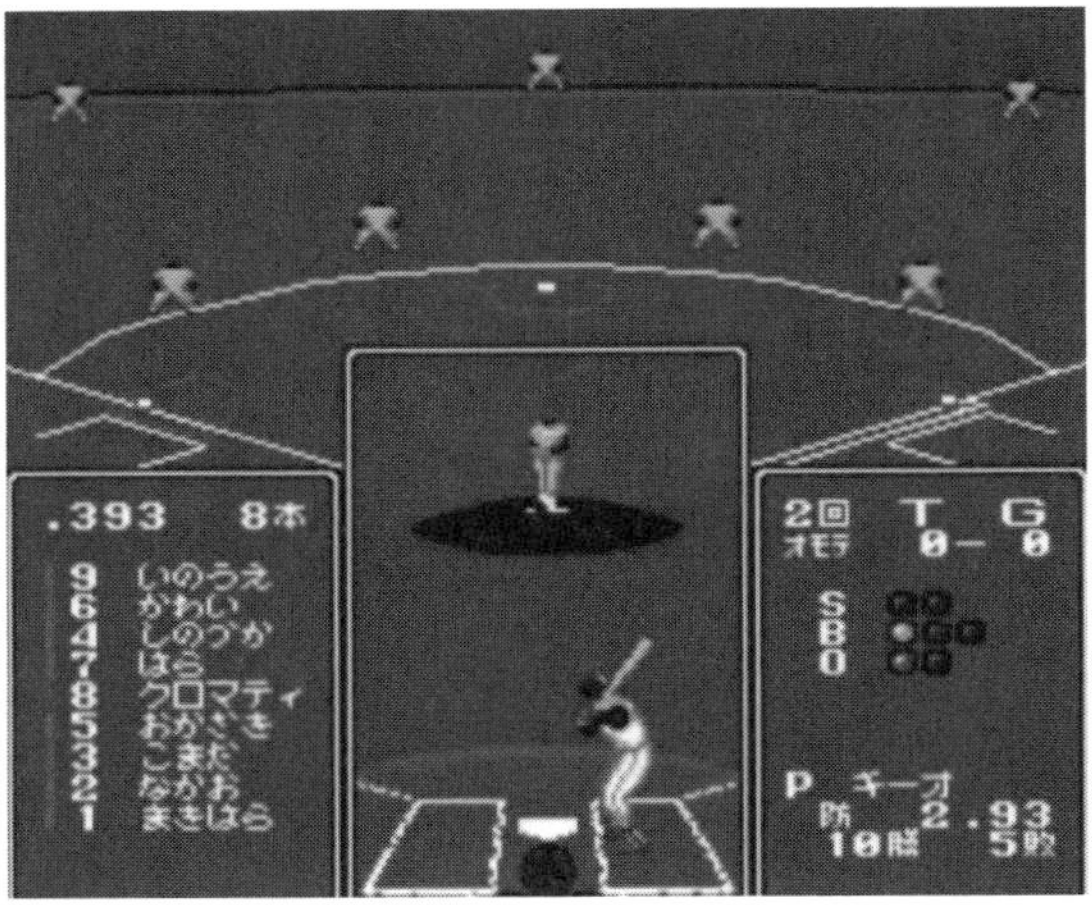

図4-1　『これがプロ野球』インテック、1989年、PC エンジン

ートマチックだった守備をマニュアルに替えた」という点を挙げている。確かに『ベースボール』では守備の操作がオートであるにもかかわらず、そのオート操作は非常に緩慢な動きをするため、いらだちを覚えることさえある。そうした守備の操作が、プレーヤー自身によっておこなわれるようになる。それは同時に、プレーヤーに難しい操作を強いることではある。だがその一方で、そうした操作の難しさがまた、野球ゲームの魅力の一つになったと考えることができる。

　他方、コマンド選択式のような、操作が比較的たやすい野球ゲームもある。たとえば、『これがプロ野球』（図4―1）では、監督としてプレーするために、選手を動かすなどの操作性は必要ない。画面左下にはオーダーが表示されて、右下にはスコアが表示されている。真ん中に投手と打者が表示され、それ以外の部分には守備陣形が表示されている。プレーヤーは作戦指示以外には、とくにすることはない。先に指摘したように『水島新司の大甲子園』（図4―2）も、九分割されたチャートとキャラクターの顔が表示されている。こうしたチャートは「ノムラスコープ[28]」の影響とも考えることができる。

では、選手を動かすことができるゲームではどうだろうか。『チャンピオンベースボール』の画面構成は、投球する場面が左に別枠で表示され、右にはスタジアム全体の画面がメインの画面として表示されている。そして、バッターがボールを打つと瞬時に左の投球・打撃の画面が消えて、右のスタジアム全体だけの画面が表示され、守備・走塁をおこなうことになる。また、『チャンピオンベースボール』と同年に発売された『ベースボール』は内野がすべて映されている状態がメイン画面になっている。その画面は、バックネット裏上段からの、やや俯瞰した視点である。そして外野にボールが飛んだ場合にだけ、画面はスタジアム全体を、画面を切り替えて映していた。

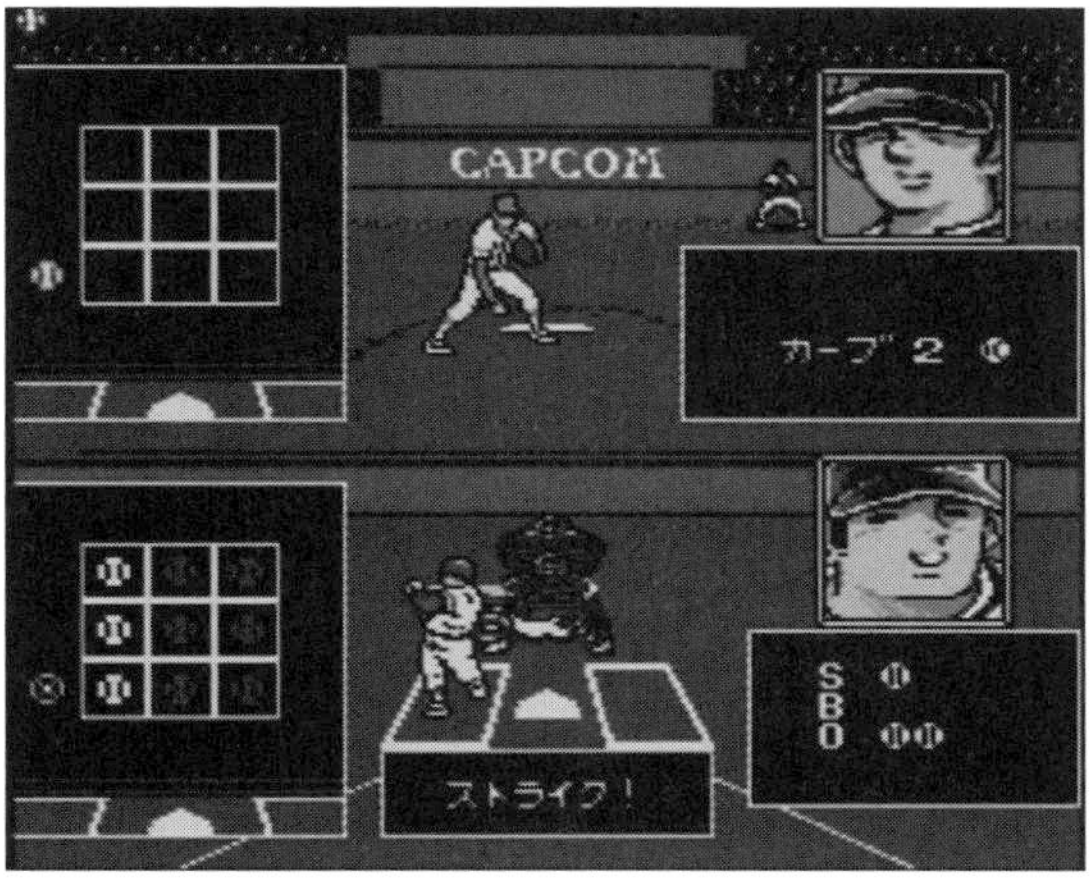

図4-2 『水島新司の大甲子園』カプコン、1990年、ファミリーコンピュータ

他方、「メディアを通してみる野球」と指摘されている『ファミスタ』と『燃えプロ』の場合はどうなっていたのか。『ファミスタ』のメインの画面は、バックネット裏上段の座席から見たようなカメラアングルであり、二塁ベースが映り込んでいる（図4―3）。投手の前姿、打者の後ろ姿、

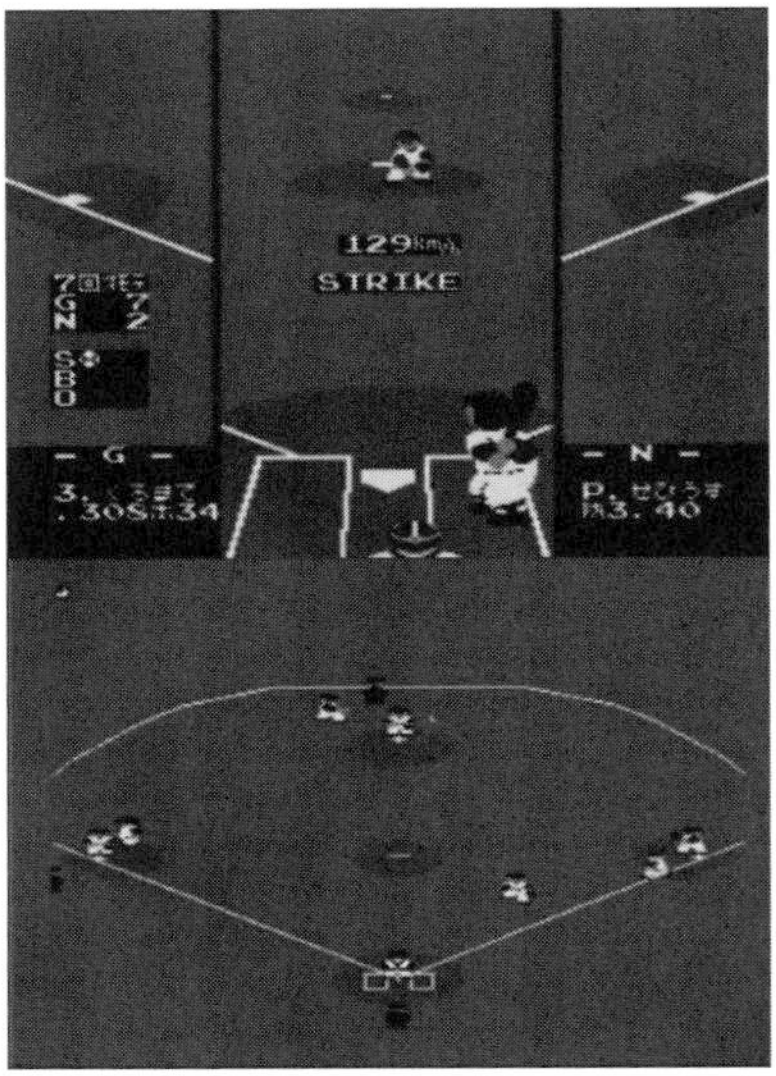

図4-3　『プロ野球ファミリースタジアム』ナムコ、1986年、ファミリーコンピュータ

キャッチャーの後ろ姿が中央に置かれているアングルは、旧来の野球中継のようでもある。また、左右には一塁・三塁のベースが別画面として表示されていて、場合によってはそこにランナーが配置される。さらに、スコアとして両チームの得点、ボールカウントとアウトカウントが表示されたうえで、投手の名前と防御率、打者の名前と打率とホームラン数も表示してある。球場では選手と同時に、成績やアウトカウントなどを見ることは座席によっては難しい。しかし、テレビ画面上には常に表示されている。つまり、こうした点も「メディアを通してみた野球」という要素にほかならない。また、プレーが進み、打者がボールを打った場合には、カメラがボールを追うようにして画面が動く。そのため、ランナーは場合によっては見切れてしまい、プレーヤーがランナーを操作する場合は「感覚」に頼るほかない。テレビ中継では簡単にできるカメラを切り替える動作が、ゲームではときとして——操作の問題もあって——難しいことがわかるだろう。もちろん、こうした問題点は後続の『ファミスタ』シリーズでは改善されている。

『燃えプロ』は、「野球中継を見ているかのようなアングルで、ピッチャーを斜め後方から描いているのと、音声合成しようとしているのが特長である[29]」と指摘されている。現在の「野球中継」のような視点は、一九八七年に発売された『燃えプロ』の段階ですでにみられる（図4―4）。

一九九四年に発売された『パワプロ'94』でも『ファミスタ』と同じような構図が採用されている（図4―5）。つまり、選手の成績や名前、別画面として一塁と三塁ベースが配置されている。しかし、バックネット裏からの視点というアングルには変わりはないものの、バックネット裏の下段、もしくはバックネットよりもグラウンドに近い位置からの視点になっている。『ファミスタ』シリーズとの相違は、打った瞬間に打球を追ったカメラに切り替わることである。また、『ファミスタ』シリーズでは基本的には投球に高低の概念がなかった。カーブやフォークなどでボールを低めに投げることは可能だが、こうしたボールを打者が打つことはできず、振ったとしても空振りになってしまう。加えて、ストレートは左右のコースを指定できるだけだった。それが、『パワプロ』シリーズではすべての球種を高低、内外、それも九分割などではなく、

図4-4　『燃えろ!!プロ野球』ジャレコ、1987年、ファミリーコンピュータ

図4-5　『実況パワフルプロ野球 '94』コナミ、1994年

様々なポイントに投げ分けることができるようになっている。

　さらに、『実況パワフルプロ野球14』（コナミデジタルエンタテインメント、二〇〇七年）には、「栄冠ナイン」と呼ばれるモードが掲載される。これは、プレーヤーが高校野球の監督になり、入学してくる生徒の能力を伸ばして甲子園優勝を目指すというモードだ。毎年新入生が入ってくるために、このゲームには明確な「クリア」はなく、延々と続けることができる。このモードは人気を博し、以降の『実況パワフルプロ野球15』『実況パワフルプロ野球2009』『実況パワフルプロ野球2014』『実況パワフルプロ野球2016』『実況パワフルプロ野球2018』にも登場する。その試合画面は、ここまでみてきたようなパワプロの「対戦画面」とは異なる。プレーヤーは作戦を選ぶだけである。投球指示であれば、「内角中心」「外角中心」「低め中心」などのコマンドを、バッティング指示であれば、「流し打ち」「引っ張り」「転がせ」などのコマンドを選択することになる（図4

―6)。

こうした野球の試合で作戦を選択する楽しみは、スポーツを「する」というよりも、むしろ監督としての視点に近く、また観戦的な楽しみでもある。そして、その観戦の視点は野球中継の視点に近い。そこには、「配球」を通して試合観戦をするような見方に近いものがあるともいえるだろう。あるいは、監督として優秀な選手に指示をする欲求を満たすものでもある。こうしたモードは、野球ゲームのプレースキルも問わないので手軽に楽しむことができる。

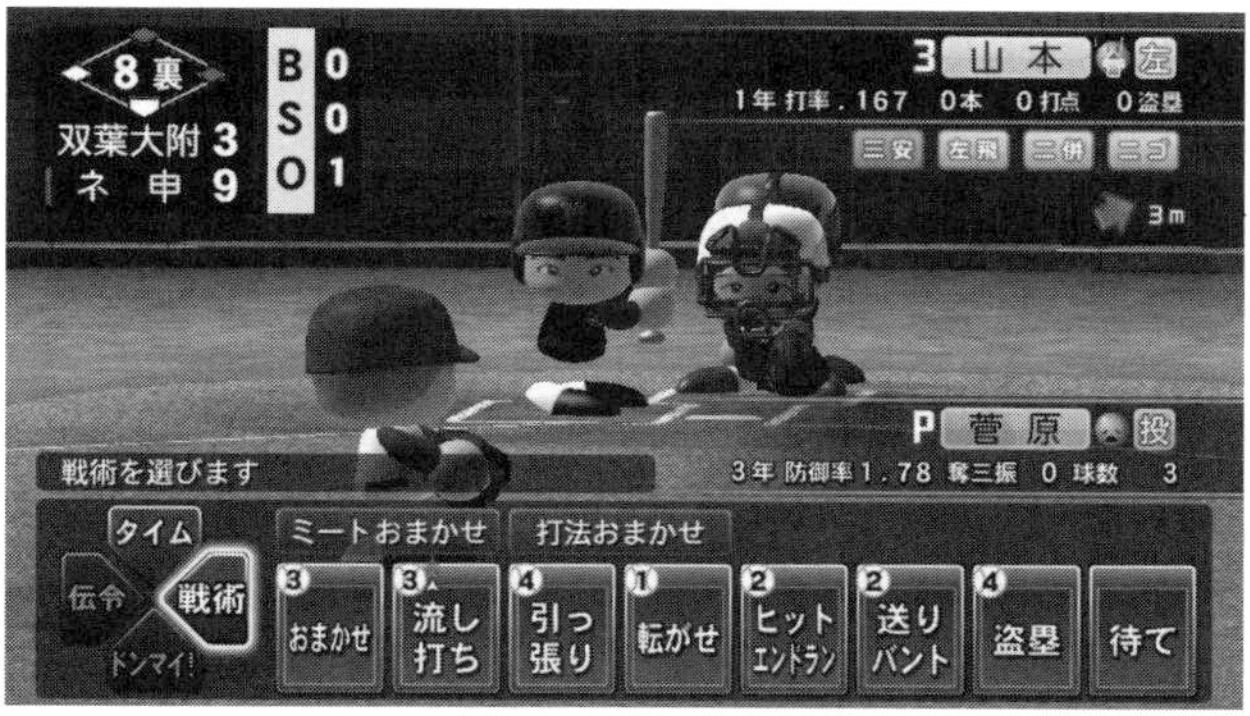

図4-6 『実況パワフルプロ野球2018』コナミデジタルエンタテインメント、2018年、「栄冠ナイン」

以上みてきたように、ゲームの画面構成も変更されてきた。そこには、テレビの野球中継の影響や操作性の問題が介在している。近年の『パワプロ』シリーズでは、テレビの野球中継のさらなる「先」へと踏み入れている。

『パワプロ2016』の「対戦」では、カメラ（視点）の切り替えができ、三つの視点から選択が可能である。これまでの野球ゲームの視点とほぼ同様の「通常視点」、そして「ダイナミック視点」と「投手視点」である。[30]「通常視点」は、すでにふれてきたような、『ファミスタ』のような野

図4-7　『パワプロ』投手視点
（出典：『実況パワフルプロ野球2016』コナミデジタルエンタテイメント、2016年、「パワプロ前夜祭 第3回「試合編」」「ＫＯＮＡＭＩ」〔https://www.konami.com/pawa/2016/eve/3/index.html〕［2017年8月1日 アクセス］）

球ゲームの画面構成に近い。そして「投手視点」は、現在の野球中継の視点にも類似している（図4―7）。また「ダイナミック」は旧来の野球中継の視点に似た視点である（図4―8）。加えて、「なりきりモード」では、選手の視点でプレーできる。しかし、内野手や外野手の場合は、ゲームキャラクターのやや上の位置にカメラがセッティングされている（ように感じる）視点であり、「選手の視点」とは異なる。また捕手は、目線は実際の野球をする場合に近い視点だが、キャッチャーマスクが抜いてある（図4―9）。

　ゲームは自らプレーしなければならないために、操作性や視点、画面構成がテレビ以上に重要な要素になる。もちろん、テレビの野球中継に近い画面構成や工夫もみられる。しかし、野球中継とは異なり、カメラの位置などに制約がない野球ゲームには、より自由な試行錯誤と多様な視点が用意されているのではないだろうか。

　このように、画面構成に関してはテレビ中継からの影響が強くみられる。他方、『ファミスタ』から『パワプロ』、すなわちファミコンからスーパーファミコンになった時点で、野球ゲームは音声の観点でも進化を遂げる。それが、「実況」である。小野は、「他にスーパーファミコンなら

図4-8 『パワプロ』ダイナミック視点
（出典：同ウェブサイト）

図4-9 『パワプロ』捕手視点
（出典：同ウェブサイト）

ではの演出として生まれたのが、アナウンサーが肉声でゲームの展開を伝える「実況」部分[31]」だと伝えている。その要因は「新しくＰＣＭ音源対応サウンドチップが搭載され、人間の声などがリアルに表現できた[32]」ことであるとし、機械の進化に目を向けている。そのうえで、こうした実況は、テレビの野球実況ではなく、ラジオの野球実況のスタイルを踏襲したという。この点について、初代『パワプロ』のプロデューサーである赤田勲の声を小野は以下のように紹介している。

テレビでは映像で見せる分、実況では違うことをしゃべるでしょ。ラジオは目に見えない分、選手の動きを実況で追いかけてくれる。それを私はやりたかったんですね。[33]

以上のように、野球ゲームは、ほかのメディアの影響を受けながら発展を遂げてきたとまとめることができるだろう。画面は、操作性の問題もありながら、テレビの野球中継から影響を受けて発展を遂げた。なかには、テレビではできない構図などをゲームならではの視点として取り入れている場合さえある。また、そうしたゲームだからこそ実現できた構図を、のちにテレビ中継が取り入れるようなことも近年ではみられる。

他方、音声は、テレビの実況というよりもむしろ、当初はラジオの実況からの影響が指摘されている。こうした点については『パワプロ』シリーズがその冠に「実況」とつけていることからも、その重要性を感じ取ることができるのではないだろうか。もちろん、その後にはより「テレビ的」な実況が入り込み、『パワプロ』シリーズはさらに発展を遂げる。

『パワプロ2016』には、「パワフェス」というモードが登場する。これは、野球の試合を通じて相手チームの選手を仲間にしていき、優勝を目指すと同時に優れた選手をつくる、というモードである。このモードは、スマートフォンなどのソーシャルゲームの影響を受けて、ゲームオリジナルのキャラクター選手を「集める」こと、またそうしたキャラクターたちを「育てる」という要素が相まって人気のモードになり、後発の『パワプロ』シリーズにも引き継がれている。その際、ストーリーには続篇として描かれ、またキャラクターの登場数も増えている。

図4-10　テロップが表示される「パワフェス」
（出典：「モード パワフェス」「実況パワフルプロ野球2018」〔https://www.konami.com/pawa/2018/mode/pawafes〕［2018年9月21日アクセス］）

この「パワフェス」モードの魅力と問題は、そうしたスマートフォンゲームなどの影響による、コレクションの要素だけにとどまらない。すなわち、テレビの野球中継の模倣、またゲームで架空のメディアイベントをつくりだしたという点が注目に値する。野球中継の模倣、という点で、最もわかりやすい例はテロップである。こうしたテロップは、プロ野球中継や高校野球中継などにもみられる要素である（図4―10）。

また、試合後にはニュースが流れる。これは、『ファ

図4-11　「栄冠ナイン」の新聞
（出典：『実況パワフルプロ野球2018』コナミデジタルエンタテインメント、2018年、「栄冠ナイン」）

ミスタ』シリーズの新聞「ナムコットスポーツ」から発展したものと考えることができるだろう。ゲーム上で新聞ではなく「テレビのスポーツニュース」として報じられる。また、『パワプロ2018』の「栄冠ナイン」では、新聞が使われている（図4―11）。

さらに、「パワフェス」というモードでは、ゲーム内でスポーツニュースが流れる。そこには、現実のニュース番組である『報道ステーション』（テレビ朝日系列、二〇〇四年―）の要素が組み込まれている。『報道ステーション』では、その日のプロ野球の試合で盛り上がったシーンなどに「熱盛」というテロップと音声を流す。その「熱盛」というテロップと音声が「パワフェス」のニュースでも流れる（図4―12）。すなわち、『実況パワフルプロ野球』では、テレビの模倣という点が強くなっている。『ファミスタ』から、新聞報道という「ニュース」の要素を引き継ぎながらも、現実のテレビ番組とタイアップするなど、リアリティーを出すためにさらに発展させていた。

また、二〇一八年にはAbemaTVで「パワプロ風の野球中継」がおこなわれた。これは、

AbemaTVがコナミとタイアップしたもので、二〇一八年九月十四日、十五日の横浜DeNAベイスターズ対読売ジャイアンツの試合として放送された。実際の野球を中継していたが、スコアの表示や、ボール、ストライク、ファウルなどの表示を「パワプロ風」にして伝えたものだ（図4—13、図4—14）。公式ウェブサイトによれば、「投手情報や打者情報をはじめ、判定表記やボールカウント、スコアという細部に至るまで、『パワプロ』のクリエイティブを忠実に再現[34]」したという。また、当日の試合を実況するアナウンサーも、『パワプロ』シリーズで実況を担当している堂前英男がおこなった。加えて、BGMも『パワプロ』で使用されているものであり、番組のお知らせなどにも同ゲームのキャラクターが登場する。さらには、九月十五日の同番組には、元プロ野球選手の解説者である元木大介とともに、「YouTube」などで活躍するゲーム実況者である加藤純一がゲストとして出演している。

　ゲーム実況は「ニコニコ動画」などで多く投稿されているコンテンツである。これは、ゲームをプレーし

熱盛
アツモリ
熱盛　宗厚
今日一番の熱い試合で２回戦へ進出ゥ！
ここはもちろん、彼らのプレーに・・・熱盛ッ！
©Konami Digital Entertainment

図4-12　「パワフェス」の「熱盛」
（出典：「コラボや追加選手など盛りだくさん！パワプロ真夏のアップデート!!」「実況パワフルプロ野球2018」〔https://www.konami.com/pawa/2018/topic/update_180712〕［2018年9月21日アクセス］）

図4-13　『パワプロ』風の選手紹介
（出典：「【プロ野球】横浜 DeNA ベイスターズ vs 読売ジャイアンツ」「AbemaTV Sports チャンネル」〔https://abema.tv/channels/world-sports/slots/8aZ7LK2PJXpYkF〕［2018年9月21日アクセス］）

ながら、その展開についてのコメントや解説をするというものだ。ゲームのインターネット配信自体は、本来著作権などに抵触する可能性があり、その旨が『実況パワフルプロ野球』のオープニングでも流れていた。しかし、それでも加藤をはじめとした「ゲーム実況者」たちは、『パワプロ』をはじめ様々なゲームを実況してネット上で配信する。同人誌と同様にこうした配信は黙認されているために、実際に訴訟問題などに発展した例はほとんどない。そうした、ある種のグレーゾーンの存在が公の場に登場した、というのはきわめて注目すべきことである。

　つまり、ここには多層的な構造がある。第一に、テレビゲームが野球中継を模倣しながらつくられたという点である。野球ゲームに実在の選手が登場するようになったのは野球中継や実際の野球の「模倣」、もしくは「再メディア化」ともいえる事態だろう。第二に、その「模倣」「再メディア

図4-14 『パワプロ』風の試合映像
（出典：同ウェブサイト）

化」が認められ、野球中継に入り込んだ。それが、今回のAbemaTVでの『パワプロ』とのコラボ中継である。これによって、野球中継という媒体までもが、ある種ゲーム化された。そして、そのようにしてゲーム化された野球中継のなかに第三の層が現れた。つまり、そうした人気があるゲームを「実況」しているゲーム実況者という存在までもが、中継に巻き込まれたのである。ある種、イリーガルな存在や「二次創作的なもの」までもが表舞台に立ったわけである。そこには、野球ゲームだけにとどまらず、グレーゾーンながらも包含される「野球ゲームの実況プレー」さえも野球文化、野球世界の一部として、野球に携わっていた元プロ野球選手と同様に、ゲストとして言葉を交わすという構造がある。もちろん、加藤は野球のプレーに対してよりもむしろ、『パワプロ』の話題を中心に話していた。そこには虚実入り乱れる、というよりも明確な虚と実の関係性がある。だが、そうした虚実を超えて、一つの野球文化の総体として、その中継はあったといえるのではないだろうか。

さらには、『パワプロ2018』の「パワフェス」には、プロデューサーのキャラクターが登場し、番組（野球の試合）が盛り上がり、視聴率が稼げればそれでいいという発想のもとでストーリーが進んでいく。しかし、そうした進行によって、ゲーム内では悪霊が登場するなどの事件が巻き起こっていく。そのような点には、マスメディア、とくにテレビの視聴率偏向に対する批判的な観点もみられる。

このように野球ゲームは様々な野球中継や、さらには野球の報道のされ方という、マスメディアが報じる野球を取り込みながら、「野球ゲーム」である必要性を確固たるものとしてきた。選手の能力値や、リアリティーがないポリゴンとしての身体であっても野球選手のフォームを再現する試みや、監督としての視点や選手を好きに動かし、またときには選手を自らつくりだせるような構造はゲーム独自のものであり、野球観戦では満たされない欲望であるとまとめることができるだろう。

6　野球ゲームの独自性

本章では野球ゲームに関してのいくつかの問題を取り扱い、考察してきた。

野球ゲームの歴史では、まず『ファミスタ』シリーズが大きな役割を担っていた。その後、『パワプロ』シリーズが、『ファミスタ』シリーズを継承しながら市場を独占するようになっていく。

ストーリーも『パワプロ』シリーズの功績は大きく、「サクセス」の登場によって、能力の数値化・可視化によって選手を育てるという遊び方が可能になった。それまでになかったストーリー性も、「サクセス」の登場によって展開されるようになる。

野球ゲームでプレーヤーがキャラクターを特定のものとして認識する場合、実名性とフォームの両方がとくに重要である。実名で選手が登場することが重要になるのは、当然、現実の野球や野球中継の影響力が大きいからである。そして、そうしたマスメディアを通して得た知識——選手の成績やフォームなど——が野球ゲームを支えている。野球ゲームのプレーヤーの多くは現実の野球の視聴者とファンである。もちろん、野球中継を見ない層も想定できる。そうしたプレーヤーにとっては、むしろ野球ゲームをプレーすることが、実在する選手たちを知るきっかけにもなりえる。そのようにして考えるならば、現実のプロ野球の延長線上に野球ゲームを位置付けることも可能だろう。

一方で、野球ゲームの画面構成もまた、テレビによる野球中継の影響を強く受けているものだった。そのなかでも、カメラを配置することが難しいなどの理由から野球中継では得られない視点を野球ゲームでは提供することができる。

ここまで指摘してきたように野球中継をもとにした野球ゲーム制作に対するコナミの功績は大きく、評価できるものだろう。しかしその一方で、先にふれたようにコナミがＮＰＢと独占契約を結び、選手の実名を独占的に使用していた三年間、それが効果的とわかりながらも他社は実名選手を登場させることができないでいた。その三年の間に、ほかのゲーム会社はほとんど野球ゲームを制作しなくなっていた。また、現在もコナミの『パワプロ』シリーズと『プロ野球スピリッツ』シリーズを除いては、ほとんど野球ゲームが発売されなくなっている現状がある。つまり、野球ゲームをつくる姿勢や技術がその三年で失われてしまった、とも考えることができる。

二〇〇〇年以後は、コナミが野球ゲームの覇権を握った。そして、野球ゲームは現在まで『パワプロ』シリーズと『プロ野球スピリッツ』シリーズを中心に展開されている。ここまでに、野球ゲームのあり方は、ある種の完成をみたといえる。しかし、その両ゲームも近年では新しい要素を加える余地が少なくなってきていて、停滞と飽和が訪れている。その証左として、以前は『パワプロ』『プロ野球スピリッツ』の両シリーズは毎年発売されていたが、近年では発売が隔年になり、インターネットを通したデータ更新があるだけになっている。また、現在は据え置きのコンシューマーゲームではなく、スマートフォンに対応したゲームが主流になってきている。小野は〇三年の時点で、「今後野球ゲームの映像表現がどのように進化していくか、表現力が飛躍的に向上した中で、あらためてテレビゲームメディアならではの特性が注目される時代であると言えるだろう」(35)と述べていた。その後、これまでの二十年ほどの間、野球ゲームは停滞しているとさえいえる。しかし、近年ではAbemaTVでのコラボ放送や、テレビではできない画面構成、さらには野球ゲームに登場するキャラクターに焦点を当てながら、野球ゲームの可能性を広げようとする傾向も見て取れる。

ここまで論じてきたように、野球ゲームは、スポーツとしての野球をおこなうにあたっての困難を払拭する。雑誌や野球中継、そして次章で論じる漫画などのメディアでは野球を観賞するという野球消費の形態になっている。それに対して、野球ゲームは簡易的にプレーすることで野球を消費している。そのなかでもとくに、メディアで野球をプレーするという消費のされ方だといえるだろう。スポーツとしておこなう野球には身体的な鍛錬が生じる。ホームランを打つためには相応の筋肉と正しいフォームが必要だし、速いボールを投げるためにも同様の鍛錬が必要だ。もちろん、筋肉だけではなく、運動能力も必要である。「楽しいプレー」をするためには「苦しい練習」を乗り越えなければならない。そうした困難を（ゲームならではの難しさはあるものの）払拭することによって克服する。

また、テレビの野球中継を観戦するのと同じように、ゲームは一人で気軽におこなうことができる。それは、一チーム九人、二チーム合わせて十八人集めなければならない実際の野球のプレーよりもはるかに手軽である。

他方、もう一つの手軽さも野球ゲームにはある。それはスポーツ哲学者であるシェリル・ベルクマン・ドゥルーが指摘しているスポーツの本質的な部分の一つである「顕著な運動」である。[36]ドゥルーは、チェスのようないわゆるマインドスポーツに関しては牌や駒を動かす運動はあれど、「顕著な」身体技能は認められないと指摘している。[37]同様に、野球自体は「顕著な運動」として捉えることができるが、野球ゲームには――困難さはあるものの――顕著な運動は認められず、野球ゲームにある困難さは身体性によるものではないと考えることができる。

また、みてきたように、野球ゲームはほかのメディアを取り入れながら発展していて、プレーヤーもまたそうした「メディア上の野球」を消費する。それはときとして、野球を気軽に擬似的にプレーできるということだけにとどまらない。すでに序章で指摘したように、野球には様々な側面がある。そのなかの、とりわけ「情報」として、メディア上で展開される新聞などという「情報」的な側面からもまた、野球ゲームは享受されている。それは、野球ゲーム上に新聞が出現して再メディア化がなされるということ、また実在選手の登場とその実在選手の成績などから選手をゲームプレーヤーが同定することなどからも、推察することができるのではないか。

そのうえで、ここまで指摘してきたように、野球ゲームには独自の魅力と工夫がある。それらは野球ゲーム独自の構造であり、独自の展開をもっている。そうした独自性が発展しつづけたからこそ、今日でも野球ゲームは人気を博しているといえるだろう。

次章では、野球の創作物としての野球漫画を取り上げる。野球漫画を読むこともまた、野球を体験することの一部分である。また、野球ゲームと同様に、そこには実在選手の登場とフォームによって選手を同定しキャラクター化する動きがある。

注

(1) 野球のテレビゲームやデジタルゲームを本書では野球ゲームと称する。野球盤のようなものも、野球ゲームではあるが、注釈がないかぎり、本書でいう野球ゲームは野球のテレビゲーム、デジタルゲームを想定している。

(2) 小野憲史「ゲーム機の進化における野球ゲームの映像演出」、東京都写真美術館企画・監修『ファ

ミリーコンピュータ1983-1994』所収、太田出版、二〇〇三年、一五八ページ

（3）同論考一六一ページ

（4）伊藤ガビン「パワー（じゆう）をわれらに」、ボストーク／福田幹編『BIT GENERATION 2000 テレビゲーム展』所収、神戸ファッション美術館／水戸芸術館現代美術センター、二〇〇〇年

（5）同論考一二ページ

（6）同論考一二ページ

（7）同論考一二ページ

（8）アルツ鈴木「野球ゲーム「対戦」必勝法」、いとうせいこう監修『ゲーマーハンドブック――「TVゲームワールド」冒険の手引き』所収、ネスコ、一九八九年

（9）同論考一五二ページ

（10）同論考一五二ページ

（11）同論考一五二ページ

（12）『実況パワフルプロ野球'94』コナミ、一九九四年、スーパーファミコン

（13）なお、シナリオモードは、『実況パワフルプロ野球12』（コナミ、二〇〇五年、PlayStation2／ニンテンドーゲームキューブ）を最後に登場していないが、一部のファンから根強い人気があり、『実況パワフルプロ野球2018』（コナミデジタルエンタテインメント、二〇一八年、PlayStation4／PlayStation Vita）では、「LIVE シナリオ」として再登場した。さらに、それまでは初期に用意されていただけだった「シナリオ」が、インターネットを通して、当日におこなわれた試合をそのつど配信されるようになった。また、チームを選択したうえで、現実とは逆の結果――たとえば、現実では負けたチームをゲーム上で勝たせること――を目指すことができるようにもなっている。

（14）『実況パワフルプロ野球3』コナミ、一九九六年、スーパーファミコン
（15）前掲「ゲーム機の進化における野球ゲームの映像演出」一五八ページ
（16）「すぎもと」はゲーム上で表記する場合、濁点を一文字として換算するため、「すき゛もと」になり、五文字になる。
（17）初期の作品、『パワプロ'94』では、パワーやミートは内部データで設定されているだけである。そのため可視化されているのは打率とホームラン数などの成績である。
（18）公正取引委員会「コナミ株式会社に対する警告等について」二〇〇三年（http://web.archive.org/web/20030806171123/http://www.jftc.go.jp/pressrelease/03.april/03042202.pdf）［二〇二三年七月二十八日アクセス］
（19）同資料
（20）『実況パワフルプロ野球15』コナミデジタルエンタテインメント、二〇〇八年、PlayStation2／Wii
（21）前掲「ゲーム機の進化における野球ゲームの映像演出」一五九ページ
（22）同論考一五九ページ
（23）イェスパー・ユール『ハーフリアル――虚実のあいだのビデオゲーム』松永伸司訳、ニューゲームズオーダー、二〇一六年、二一〇ページ
（24）前掲「ゲーム機の進化における野球ゲームの映像演出」一六一ページ
（25）同論考一六一ページ
（26）吉田寛「ビデオゲームの記号論的分析――〈スクリーンの二重化〉をめぐって」、日本記号学会編『ゲーム化する世界――コンピュータゲームの記号論』（叢書セミオトポス）所収、新曜社、二〇一三年、五四―七〇ページ

（27）松本健太郎「スポーツゲームの組成——それは現実の何を模倣して成立するのか」、同書所収、七一—八七ページ
（28）一九八〇年に野村克也が提案し導入された九分割のチャート。
（29）前掲「野球ゲーム「対戦」必勝法」一五二ページ
（30）「パワプロ前夜祭 第3回「試合編」」「KONAMI」（https://www.konami.com/pawa/2016/eve/3/index.html）［二〇一八年十月十六日アクセス］
（31）同ウェブサイト
（32）同ウェブサイト
（33）同ウェブサイト
（34）「[プロ野球] 横浜 DeNA ベイスターズ vs 読売ジャイアンツ」「AbemaTV Sports チャンネル」（https://abema.tv/channels/world-sports/slots/8aZ7LK2PJXpYkF）［二〇一八年九月二十一日アクセス］
（35）前掲「ゲーム機の進化における野球ゲームの映像演出」一六一ページ
（36）シェリル・ベルクマン・ドゥルー『スポーツ哲学の入門——スポーツの本質と倫理的諸問題』川谷茂樹訳、ナカニシヤ出版、二〇一二年
（37）シェリル・ベルクマン・ドゥルーは「自動車レース」に対しても、顕著な身体技能を認めていない。

第5章　野球漫画のなかの他メディアと実在選手
——『巨人の星』と『ドカベン プロ野球編』を中心に

1　野球漫画の先行研究とその問題点

特訓、魔球、秘打……、ときにそれらは現実の法則を無視する。それでもどこかリアリティーがあり、期待感をもって読み進めてしまう。主人公がいるチームだからどうせ勝つだろう、などとは思いもせずに、漫画上の試合展開に手に汗握る。なぜ我々はここまで野球漫画に魅入られるのだろう。

本章では創作物である野球漫画に焦点を当てる。野球漫画には、野球ゲームと同様に「実在する選手」が登場する。前章で議論したように、実在の野球選手の登場はそのメディアの受容者にある種のリアリティーを感じさせる。それでは、野球漫画では実在する選手をどのように扱い、表象しているのだろうか。

まず、野球漫画に関する歴史を整理しよう。石子順造は野球漫画の歴史を以下のようにまとめている。

戦後いち早くかかれた井上一雄の「バット君」から同じ作者の「投手の正ちゃん」、「赤グローブ青ミット」などから出発し、川上、大下、青田といった実在の名選手を主人公にした偉人伝風のマンガを経て、三〇年代の「ちかいの魔球」（ちばてつや作）へ、そして「巨人の星」（梶原一騎作・川崎のぼる画）とたどれるだろう。つまり、「バット君」のような無邪気さを主要素とした遊びの野球から、技術的なものを加味した友情ロマン、そして「巨人の星」にみられる根性と努力の教育活動へ、という移行である。さらにその後に、水島新司の「野球狂の詩」や「男どアホウ甲子園」（佐々木守作）などにつなげてみると、野球マンガだけで、みごとに戦後子どもマンガの推移が描き出せるほどなのである。(1)

無邪気な遊びとしての野球から技術を加味した友情ロマン、そして根性と努力の教育活動に至るという石子の指摘は興味深い。こうした指摘があるなかで、米沢嘉博は野球漫画についてさらに掘り下げていく。(2)米沢によると、初期の野球漫画は石子がいうところの「無邪気さ」を「笑い」と「少年の日常」という言葉で言い換えているという。また、「協力して勝利を得るという展開、個人の個性を尊重するという教育面からの野球への視点は、戦後の野球マンガの重要なテーマになっていく[3]」と指摘する。

さらに米沢は、「野球が主に都市の大衆に受け入れられた背景には、観戦＝見ることによってスポーツを楽しむ娯楽的要素が発見されたことが大きい[4]」としたうえで、「それはルールがあり、誰も傷つき死ぬこともないゲームとしての戦争である[5]」と野球自体の特性を論じている。また、個人の技量、偶然性によるドラマの生じやすさ、そしてときとして監督の立場になりながら試合に参戦できるかのように感じられることなどが野球が受け入れられた要因であり、そこにはヒーローを生み出す構造もあると分析している[6]。

一方、斎藤次郎は『子ども漫画の世界』で、「野球漫画は、読者の見果てぬ夢を、英雄の冒険の追体験によって代償満足する地点から、読者自身の「いま」へ夢を返球するメディアとして突出したのである[7]」と指摘する。

これらの論者の指摘にもあるように、野球漫画には「実在の名選手」が登場する。そして、漫画のキャラクターとの勝負や共闘を通じて、それらの実名選手は「漫画のキャラクター」として描かれ、またプロ野球の世界も「読者の見果てぬ夢」として描かれる。同時に、実在の野球選手を登場させることは、漫画にリアリティーを出すことにも貢献している。

そうしたなかで、村上知彦はテレビ中継にも魅力はあるという前提のもと、以下のように言及している。

ひいきチームが勝った日は、スポーツニュースを次々チャンネルを変えて追いかけ、翌日のスポーツ新聞を買って、快い勝利を何度も再確認し、味わおうとするのではないか。このときぼくたちは、ゲームの結果を情報としてかき集め、自らの中で再構成し、ひとつの神話を、伝説をつくりあげようとしている。そのためにはスポーツニュースの報道も、スポーツ新聞の解説も、いかにもそっけないないし迫真力に欠ける。(8)

村上は、漫画は野球の情報が「再構築・再構成」された世界であるために、野球を楽しむうえでの最上のメディアだとしている。以上の指摘にもあるように、実在の選手の登場やマスメディアとの関係性が、野球漫画では重要とされてきた。また、そのなかでもとくに『巨人の星』と水島新司による野球漫画には、マスメディアがストーリーの進展に大きく関係することが指摘されている。加えて、『巨人の星』には多くの実在選手が登場する。また『ドカベン プロ野球編』でも同様に、多くのプロ野球選手が登場するのである。

本章では、主にこの『巨人の星』と『ドカベン プロ野球編』を取り上げて考察する。この両者はともにメディアとの関係が深い。たとえば、漫画上では新聞や新聞記者が登場し、ストーリーが展開する。さらには、実物の選手のイメージもまた、テレビなどを通して伝えられている選手イメージの、いわば「再メディア化」(9)と考えられる。そのとき、野球漫画は、ほかのマスメディアと実在選手をどのように扱っているのか。また、選手はどのようにキャラクター化されているのかを、特徴がある両者の漫画から考えていきたい。

2 『巨人の星』とスター選手

『巨人の星』第一巻の一ページ目、それは長嶋茂雄の入団を知らせる新聞記事から始まる（図5―1）。長嶋というスター選手、すなわち「巨人の星」が、漫画のなかでも新聞上で表現・表象されているということは、野球がマスメディアで報道され、その関係性が深いということを象徴的に表していているといえるだろう。

さて、あまりにも有名ではあるが、まずは『巨人の星』の概要とあらすじを紹介しておこう。『巨人の星』は、原作・梶原一騎、作画・川崎のぼるによる作品で、「週刊少年マガジン」（講談社）で一九六六年から七一年まで連載され、コミックスは講談社から全十九巻が発売されている。主人公である星飛雄馬が父から野球の英才教育を施され、読売ジャイアンツ（以下、巨人）のスター選手になることを目指すというストーリーである。先行研究の指摘にもあるように、『巨人の星』は「友情ロマン」であり「根性」の物語でもある。また、当時の日本の社会情勢や、ある種の日本文化の一端としても語られる。

『巨人の星』について、米沢は野球漫画の「金字塔」と位置付けている。加えて、「読者、メディア、表現、素材の幸せな結合。それは一つの魔法だったというしかないだろう」[10]などと高く評価して議論を進めている。米沢は『巨人の星』を分析するなかで、その物語構造は「家族ドラマ」でもあるという。登場する人物たちはあくまでも「典型的造形や設定によって（略）きっちりきまった役割しか果たさない」[11]。したがって、『巨人の星』は、主人公を中心に世界が回り、主人公の絶対的な視点のもとで物語が進んでいくと結論付けている[12]。加えて、『巨人の星』の特徴は、現実のプロ野球選手が登場することでもある。その具体例として、「金田（正一）の引退エピソード」を挙げている。これは、現実の野球界とほとんどタイムラグがなく描かれた例であり、こうした事例から「事実と虚構の狭間で、「巨人の星」はこれまでの野球マンガ以上にリアリティを獲得していった[13]」という。

他方で、『巨人の星』では、王貞治、そして長嶋茂雄は「特別な存在」として描かれている。それは、マスメディアのなかで、彼らがすでに「ヒーロー」としての立場を確立していたという点、またそうした影響下でファンからも熱烈に支持されていた点などが、その要因として挙げられるだ

図5-1　長嶋茂雄入団を知らせる新聞記事
（出典：梶原一騎原作、川崎のぼる漫画『巨人の星』第1巻〔講談社コミックス〕、講談社、1968年、8ページ）

ろう。

それでは、『巨人の星』で、王と長嶋（ON）は、どのようにして特別な存在たりえているのだろうか。その象徴的なシーンをいくつか紹介しよう。

まず、主人公の星にとってもONは憧れの存在として描かれる。高校時代に星が練習をしているシーンには、「かけろ　かけろ　かけるんだ　あの星へ！」というセリフがあり、そこにはONの二人が描かれている（図5―2）。

図5-2　ONというスターを目指す星飛雄馬
（出典：梶原一騎原作、川崎のぼる漫画『巨人の星』第2巻〔講談社コミックス〕、講談社、1968年、98ページ）

第十三巻で例外的に柴田勲がホームランを打つ描写[14]はあるものの、『巨人の星』では基本的にON以外の選手が点数をとる描写が見当たらない。すなわちONは攻撃の要として、また巨人軍を担う中心人物として描かれている。

さらに、第十七巻では「ボールの気配がすぐ近くから　この長島の野獣といわれたカンにひびいてくるのは　なぜ？[15]」という描写がある。同巻には、ほかにも大リーグボール二号の打開策を実践した花形満に対して、「じつをいうと　おれは　花形の三塁ランナーを利用する作戦もぼうし落とし作戦もとっくに考えついていた[16]」と長嶋の鋭さを描いている。また、「もっとも　もし花形のセンスがこの長島より上だとすればほかにもあるかもしれませんがね　第四の策が[17]」として、「野獣的なカン」や「野球センスがある長島」という表象が多くなされる。こうした描かれ方はまさに、テレビをはじめとしたマスメディアが伝えていた長嶋茂雄像である。

一方の王もメディアで伝えられていた情報そのままに、「センスがある長島」とは対照的に「一本足打法を努力で身に付けた人物」として描かれ、打撃の中心を担う（図5―3）。

ＯＮの両者はコンビで描かれることも多い。打順が三番・四番だったということに加えて、プライベートでの関係性として彼らの「仲のよさ」が描かれる。たとえば、飛行機での移動の際にも二人は隣り合わせに座る（図5―4）。すなわち、「ＯＮの巨人」として描かれる。その象徴的なシーンとして第十巻に、王が頭部にデッドボールを受けて倒れ、それに対してやり返すように長嶋がホームランを打つという場面がある。[18] ホームランを打った直後、実況は「ホームラン！ホームラン！しずかに燃えていた長島いま　はじめて興奮をしめし　両手を上げホームへ！[19]」と叫び、星は「見た！見せてもらった…！巨人魂を！[20]」と感極まる。

図5-3　王 vs バッキー
（出典：梶原一騎原作、川崎のぼる漫画『巨人の星』第10巻〔講談社コミックス〕、講談社、1969年、66ページ）

図5-4　飛行機で隣に座るON
（出典：梶原一騎原作、川崎のぼる漫画『巨人の星』第7巻〔講談社コミックス〕、講談社、1968年、120ページ）

つまり、このシーンは、打線の要を担う二人のスター選手によってもたらされた得点でもあり、同時にONの関係性を象徴するシーンでもある。

試合のキーポイントになる場面でも、両人を解説する。また、「ONほどの打者が」のように、ほかの選手と比較する際の引き合いにも出される。たとえば第十八巻では、「ピ…ピッチャーもセカンドもとれそうに錯覚する低空からぐんぐん急上昇して外野をやぶる打球……こ…こういう打球は王にも長島にも打てません！」(21)と解説が叫ぶ（図5―5）。

それでは、ON以外の選手はどのような扱いを受けているのだろうか。同時代の巨人の選手、たとえば主にショートを守っていた黒江透修は、その名前はしばしばみられるものの、打席に立つシーンはない。また、捕手である森祇晶も、主人公である星の投球を受けるキャッチャーとしては登場するものの、打席の描写はない。すなわち、巨人の攻撃を担うのはONの両者であり、したがって、試合を決する一打もONのものになる。

ところで、米沢の指摘にもあるように、投手では金田正一がキーになる。引退試合に一話が費やされた以外にも、金田は大きな影響力を主人公の星に与えていた。その最たる例は、大リーグボール一号の開発にあたって金田の助言が重要な役割を果たした点だろう。星は「軽い球質」という自らの欠点が露呈したときに、変化球を覚えるために金田に助言を求める。金田は助言することを拒絶し、「近頃の若い投手がなっちょらんのは楽して手先のピッチングで逃げようとするこっちゃい[22]」と非難したうえで、新しい変化球をつくりだすことを提言する。星は、金田の振る舞いに対して「さ　さすがこの日本球界が生んだ　史上最大の大投手はやることも考えることもスケールが[23]」と驚愕する。

図5-5　引き合いに出されるＯＮ
（出典：梶原一騎原作、川崎のぼる漫画『巨人の星』第18巻〔講談社コミックス〕、講談社、1971年、33ページ）

　また、同巻では練習中に金田の足首を打球が襲い、けがを負う。それでも気丈に振る舞う金田に心打たれた星は、バッティング投手として登板した際に涙を流しながらピッチングしたために制球を乱し、ビーンボールを投げてしまう。その球がバットに当たったことに着想を得て、大リーグボール一号は開発される。すなわち、金田正一という投手が与えた二つのきっかけによって、大リーグボールは開発された。そこには金田正一という、まさしく「史上最大の大投手」を活躍させようという作者の配慮がみられる。

　さて、そうして開発された大リーグボール一号に対して、ライバルである花形満は様々な策を講じる。いくつかの策は失敗に終わるが、その解説役としてもONは駆り出される。[24] それだけではなく、阪神タイガースの監督である藤本定義は、花形に対して「天才花形の相手は王や！長島や！」とハッパをかける。[25] すなわち、その選手のすごさや卓越性を示すためにも、実在選手の代表格として、また野球世界の核としてONが、たびたび登場するのである。

3 『ドカベン プロ野球編』での実在選手

前節では『巨人の星』を例に、ONをはじめとした実在選手が、漫画のキャラクターやストーリーに大きな影響を及ぼしていることを確認した。本節では、その後の作品として、実在選手との関連性から『ドカベン プロ野球編』を取り上げる。

『ドカベン プロ野球編』は、水島新司によって「週刊少年チャンピオン」（秋田書店）で一九九五年から二〇〇四年まで連載された作品である。高校野球を舞台にした『ドカベン』の後続にあたるこの作品は、高校時代にスター選手になった主人公・山田太郎を含めたキャラクターたちがプロ野球の世界に入って活躍するというストーリーである。そして、そのプロ野球の世界は、現実のプロ野球を大いに反映している。

米沢は、『ドカベン プロ野球編』の前作にあたる『ドカベン』については多くの紙幅を割いて論じている。米沢は『ドカベン』が週刊誌で連載されていた前提を踏まえ、「週刊誌というメディアが送り届けてくるのは、確かに作品ではあるのだが、一方で情報でもある」[26]と指摘する。そして、スポーツの試合がテレビや新聞で報じられるとき、現実とフィクションすなわち漫画の間には大きな差はないとしている。漫画は「情報」として大衆と共有されながら広がり、影響力をもつ。そして、「ある特定のメディアを中心に形作られた「情報世界」で、フィクションと現実は、交錯している」[27]と『ドカベン』についてまとめている。

米沢の指摘は、『ドカベン』の続篇にあたる『ドカベン プロ野球編』にも、同様のことがいえるのではないだろうか。いや、むしろ、『ドカベン プロ野球編』のほうにこそ、その特色は色濃く表れ出るといってもいい。その理由は、まさしく、「プロ野球選手」という実在の人物が漫画に登場し――『巨人の星』と同じく――漫画上のキャラクターと共闘・対決するからである。

作者である水島自身は対談のなかで、漫画内で自身のキャラクターがドラフトで指名された際、実在する球団フロントに連絡をとって「お世話になります」と言ったところ、当時の球団監督から「漫画のキャラクターがうちに入った」という電話があったというエピソードを紹介している。[28]さらに、当時監督を務めていた王貞治から、漫画のキャラクターが長く現役生活をしていることを指摘された際に、水島が「監督が使ってくれてるおかげです」と返したというエピソードも紹介している。[29]

さらには、『ドカベン プロ野球編』の登場秘話として、清原和博から「ドカベンはなんでプロ野球いかないんですか」と問われ、西武ライオンズに主人公である山田太郎を入れてくれたら四番を譲ってもいい、と言われたことを明らかにしている。[30]加えて、イチローにも、「殿馬を絶対にオリックスに入れてください。ぼくが一番で彼が二番。ぼくは大ファンですから」[31]と言われたという。これらのエピソードは、まさしく、野球という一つのコンテンツをめぐって、現実と漫画が交差した例といえるだろう。そして、野球選手自身もまた、漫画に登場することを望み、漫画のキャラクターとの共闘を夢見ていた。すなわち、選手自身も読者として「野球漫画」に夢を見ていた。

ところで、『巨人の星』と『ドカベン プロ野球編』には、決定的に違う点がある。それは、作者の野球選手へのまなざしであり、それは漫画上での実在選手の扱いに表れている。

まず、水島は『ドカベン』を『巨人の星』と対照的な存在として描いている。水島は、巨人をテーマにした漫画であれば「持っても十年」[32]とし、その理由を以下のように述べている。

自由に描かしてもらえないですよ。『巨人の星』でもそうだったけど、絶対に実際の選手以上に主人公が働いちゃダメなんですよ。何をするにも王さんの指導があったからとか、長嶋さんの助言があったとか。主人公が現実の選手に勝つっていうことは、御法度だったんです。[33]

パ・リーグを題材にした漫画だからこそ、水島は自由に、そして様々な選手にスポットを当てて描くことができた。また、連載当初は『巨人の星』への対抗意識があり、すなわち「根性」のようなつらい野球ではなく、楽しい野球を描くことを目指していたことも明らかにしている。[34]

その根底には、作者のバックグラウンドがある。『巨人の星』の作者である梶原一騎と川崎のぼるが、自ら野球に精通していないことを明らかにしているのに対して、『ドカベン』の作者である水島新司は大の野球ファンであることを公言している。たとえば、水島は「野球が好きで詳しい[35]」と自任し、六十四歳の時点では自らも草野球で年間百三十試合もショートでプレーしている[36]。そのうえで、野球漫画を描きたい思いが常にあった、と述べている。また当時パ・リーグについてはあまり報道されていなかったなかで、水島はパ・リーグ、とりわけホークスのファンであることを公言していて、毎巻カバーの袖に書いてある当時の野球事情や自らの草野球の話などの作者の言葉からは、野球ファンとしての強い意識が見て取れる。

つまり、野球ファンではない梶原と川崎は、メディアで報道され、ファンたちの間でイメージが共有されている王や長嶋という「ヒーロー」としての野球選手を描いた。だが、『巨人の星』では先にも述べたように、ＯＮと金田以外の実在選手はほとんど活躍しない。その意味では、『巨人の星』のほうが実在の選手を軽視しているともいえる。もしくは、ＯＮや金田というスター選手だけを優遇しているとも考えられる。

それに対して水島は、ヒーローというよりは、むしろプロ野球という夢舞台で戦うリアルな野球選手を多く描いている。だからこそ水島は、多く報道される選手ではなくても取り上げてスポットを当てる。それは、一プロ野球ファンであるがゆえの手法といえる。もちろん、水島が描くプロ野球選手にもまた、マスメディアを通した情報も含まれている。だが、一方で水島は、独自の観点からプロ野球選手を解釈し、ファンへの紹介も兼ねるようにしてプロ野球選手を描き出す。だからこそ、『巨人の星』では王や長嶋、金田などの一部の実在選手にしかフォーカスしないのに対して、『ドカベン　プロ野球編』では、その球団に属しているあらゆる選手にスポットが当たる。

図5-6　漫画内で過熱する新聞報道
（出典：水島新司『ドカベン プロ野球編』第11巻〔少年チャンピオン・コミックス〕、秋田書店、1997年、187ページ）

たとえば、『ドカベン プロ野球編』では、漫画のキャラクターがスターティングメンバーに入ったためにそのポジションを追われた選手もキャンプで登場し、キャラクターとスターティングメンバー争いを繰り広げる。また、事前のスターティングメンバーの予想や、代打、DH（指名打者）、ロッカー裏での会話などで実在の野球選手たちが登場する。こうした配慮は、『巨人の星』にはみられない。『ドカベン プロ野球編』ではプロ野球選手を漫画のオリジナルキャラクターの「脇役」としてではなく、一人の人物として描いている。

したがって、その熱が高まれば、漫画のオリジナルキャラクターを差し置いて、「プロ野球選手」のほうが主役のような扱いを受ける。

現に、第二十四巻から第三十四巻の間、西武ライオンズにドラフト指名された松坂大輔が主人公である山田太郎の家を訪れて宿泊し、また漫画のオリジナルキャラクターたちの自主トレーニングにも同行する。こうした背景には、当時、甲子園のヒーローになった松坂がドラフトで西武に入団したことによって、松坂に関する報道が増え、それまで「日陰」の存在だったパ・リーグが表舞台として報道されていたことがあるだろう。そうした状況下で、水島の漫画もまた、マスメディアと連動し、現実の「松坂フィーバー」と同調するようにして、ほとんど松坂が主役のようにして描かれていくことになる。

　この点について水島は、第三十五巻のカバー袖で、「『ドカベンプロ野球編』になってから相手が実在のプロ野球選手なので、オリジナルの新キャラクターがめっきりと減ってしまいました。『ドカベン』では実在の選手はあくまで脇役的存在であって主役は漫画である事を私は忘れていました。そういう意味で『プロ野球編』もこの第三十五巻から少しずつ展開を変えていこうと思います。新しいキャラクターを各チームにどんどん入れて漫画の原点に戻ります[37]」と反省する。

図5-7　清原 vs 殿馬
（出典：水島新司『ドカベン プロ野球編』第9巻〔少年チャンピオン・コミックス〕、秋田書店、1996年、80ページ）

　パ・リーグのスター選手はほかにも登場している。たとえば、清原和博もまた当時パ・リーグのスターだった。清原から『ドカベン』の新連載を求められたということもあり、西武に主人公の山田太郎が入団する際には、

図5-8　松坂 vs 岩鬼
（出典：水島新司『ドカベン プロ野球編』第25巻〔少年チャンピオン・コミックス〕、秋田書店、1999年、77ページ）

図5-9　明訓の4人に憧れる松坂
（出典：水島新司『ドカベン プロ野球編』第24巻〔少年チャンピオン・コミックス〕、秋田書店、1999年、99ページ）

その「憧れのスター」である清原との会話で盛り上がる。ここからは、山田太郎が清原に対して憧れや尊敬の念を抱いている描写がみられる。また、清原がフリーエージェントで移籍する際にも、——「金田の引退」と同様に——実際の野球と同時進行で漫画上に新聞記事が描かれ、報道が過熱する様子が描かれる（図5―6）。さらには、清原は（公式戦の記録にはないものの）投手としてまで描かれる（図5—7）。それだけ、人気選手である清原にフォーカスを当ててストーリーを展開している。

このように、マスコミの報道量と情報量が、実在する選手が漫画上のストーリーに登場する頻度に影響を与え、ストーリーの展開にも関係する。その一方で、ほかの選手も脇役的な存在だったとしても、一選手としての扱いを受ける。ONが中心的存在であり、そのほかの巨人選手がほとんど描かれない『巨人の星』とは異なり、多くの実在選手が『ドカベン プロ野球編』には登場する。しかしながら、そのなかでも清原と松坂は『巨人の星』でのONと同様にヒーローやスターとしての扱いを受けている。だからこそ、松坂のフォームは『巨人の星』の王のフォームと同様に入念に描かれている（図5—8）。また、『巨人の星』の長嶋と同様に、松坂は「甲子園のスター」「平成の怪物」として描かれていく（図5—9）。

図5-10　カバー
（出典：前掲『ドカベン プロ野球編』第25巻）

つまり、漫画のキャラクターのほうがプロ野球界の先輩であるからこそ、ルーキーである松坂が驚くことによってプロ野球のすごさが伝えられる。これは、『巨人の星』でONを引き合いに出しながらプロ野球のすごさを伝えるのと同様でありながら対立している。つまり、現実の選手が「驚き」また「感動する」ということに関しては同様ではあるものの、その役割が異なっている。『巨人の星』では、現実のスター選手に対して挑む漫画のキャラクターという構図だったが、『ドカベン プロ野球編』では、そうした構図もある一方で、現実の選手が漫画のキャラクターへと「挑戦」するような構図もあるということだ。だからこそ、「スーパールーキー」であると同時に「スター」の松坂が、すでに（漫画上では）スターとして地位を確立している漫画のオリジナルキャラクターへと向かう、という描写がある。漫画のキャラクターである山田太郎が清原に向けた尊敬の念と同様に、現実の選手である松坂もまた、山田をはじめとした漫画キャラクターに、プロ野球の先輩でありスターとして尊敬の念を向ける。

第二十四巻の裏表紙には、「あの松坂が西武に入団!!」とまるで新聞記事のように書かれている。「あの」という表現からも、松坂のスター性がうかがえるだろう。また、第二十五巻では、松坂は主人公の山田とともに表紙を飾る（図5―10）。『巨人の星』では、いくらONがスター選手といっても表紙を飾ることはなかった。それだけ、『ドカベン プロ野球編』では、現実の選手が漫画のキャラクターと同等に、そしてときとしてそれ以上の存在として描かれている。

4 メディアとしての野球漫画とリアリティー

本章では『巨人の星』と『ドカベン プロ野球編』を取り上げて考察してきた。そのなかでも、とくに問題にしてきたのは、漫画での選手の「再メディア化」の問題と、そのうえで選手を「キャラクター化」することの二点だった。

実在選手が漫画上で描かれるとき、それがほかのマスメディアからの再メディア化である可能性はすでに指摘した。その理由として挙げられるのが、フォームや挙動である。たとえば、王貞治は彼の打撃フォームである「一本足打法」で描かれる。また、『ドカベン プロ野球編』でも、松坂大輔をはじめとして、多くの選手のフォームが再現されている。しかしながら、フォームの細部に関しては、現地での観戦では捉えづらい部分も多い。そのために新聞やテレビ、雑誌の映像や写真などでは、フォームの象徴的な部分を静止画として描く。すなわち、漫画での実在選手の再メディア化は、視覚的な情報もまた、マスメディアを通して伝えられたものとして描かれる。

またその一方で、長嶋茂雄の「野獣的なカン」という例のように、マスメディアが提供した「情報」としての選手像やキャラクターを漫画で再現することもある。また、フォームの問題と合わせて、第1章で取り扱った選手の「癖」が描かれ、その選手のキャラクターを強調する。こうしたキャラクター化の問題、またメディア同士の関係性については第6章であらためて議論するが、選手の癖や静止画としてフォームを描き選手を表現することによって、実在選手の登場する野球漫画はある種、その時代にメディアが選手をどのように「キャラクター」として描いたのか、またそれを人々がどう共有していたのか、ということのアーカイブの役割さえ果たしているといえる。それは、野球ゲームでの「記録」としてのアーカイブ化というよりはむしろ、選手の「キャラクター性」やイメージとしてのアーカイブ化であるともいえる。

他方で、野球漫画内に新聞やテレビを登場させるという手法で「再メディア化」の特色は強く表れている。すなわち、他メディアを漫画内で再度表象するということが、野球漫画には多くみられた。そして、そうした他メディアを再利用、すなわち「再メディア化」することによって、野球漫画ではリアリティーを演出していたといえるだろう。

このようにほかのメディアを登場させることは、リアリティーを演出するだけにはとどまらない。たとえば、『巨人の星』には以下のような特徴的なシーンが存在する。

王貞治「こまるなあ　高校選手のぼくをつけまわすなんて…」

新聞記者「ははは　こっちも商売だからね　甲子園の英雄と下町の草野球…ちょっとした特ダネさ」(38)

このシーンのあとで、王は高校卒業後にプロ入りするかどうかを新聞記者から問われる。その際、スター選手といえども高校生である王を追いかけるマスコミに王は困惑する。「高校選手のぼくをつけまわす」ほど過熱する報道への抑制と批判が、このシーンには見て取れる。

米沢の指摘にもあるように、確かに『巨人の星』ではマスメディアが絡み、それが絶妙に「結合」している。しかしながら、そこには同時にマスメディアに対する批判もみられる。このシーンのほかにも、たとえば第九巻で大リーグボールが完成して披露された翌日、新聞社とテレビ局、さらには週刊誌の者までもが早朝に巨人軍の寮を訪れて星を起こす。彼らは、一夜にして有名になった星に対して、「参議院選挙と競馬の　日本ダービーのあとマスコミの話題は大リーグボール一号に」[39]なったと言い、また特集記事やグラビア撮影などをもちかけられる。そうした状況が続いたあと、テレビ中継の解説を頼まれた伴宙太が、星のことを問われ「マスコミがいかん!投手がさわがれるのはマウンドに立っているときだけで　けっこう!」[40]と激高する。このように、漫画はときとして、マスメディアに対して批判的なまなざしを向けることもある。騒ぎ立てるマスコミを漫画上に登場させることによって、マスコミの影響力を示唆し、問題がある一面を指摘して、漫画内のリアリティーを出していく。

ここまで取り上げてきたのは、『巨人の星』と『ドカベン プロ野球編』という二作にすぎない。しかしながら、実在選手が登場する両野球漫画には野球漫画の原点がある。それはメディアとの関わりであり、また選手のキャラクター化でもある。近年では肖像権の問題や、球団に使用料を払わなければならないなどの問題もあり、実在選手が登場する野球漫画はほとんどない。水島もそうした点についてふれ、野球漫画の衰退に対する警鐘を鳴らしている。[41]

それでは、肖像権などが問題になり、実在する選手を漫画上で描くことが難しくなったなかで、野球漫画と現実の野球との関係、あるいは野球漫画のリアリティーはどうなっていったのだろうか。たとえば、『MAJOR』では、——初期の『ファミスタ』でなされていたように——選手をもじって登場させている。たとえば背番号五十一番の外野手・鈴木コジローは、その風貌も相まって多くの人がイチローを想起するのではないだろうか。さらには、背番号五十五番の松尾は松井秀喜を思い起こさせるし、強肩強打のキャッチャーとして描かれる堂島は城島健司を連想させる。このほかにも、『MAJOR』には、実在する選手の名前を使わないまでも、ある種パロディーとして実在の選手が登場してくることになる。それは選手だけではなく、球団名や球場名でも同様だ。こうした、初期野球ゲームのような手法、すなわち直接的に言明しないまでも、特定の選手を「におわせる」ようなやり方はほかの野球漫画でもみられる。[42]

ほかにも、選手のエピソードが援用されるケースもある。たとえば、『おおきく振りかぶって』では、「プロだってさ　「精密機械」と言われた北別府ですらストライクゾーンは四分割だと言ってた」[43]と、実際にあったエピソードを披露して、主人公である三橋廉投手がどれほど卓越したコントロールの持ち主であるかを説く。また、『ダイヤのA』でも、フォークボールを覚えようとする投手に対して、「かつて　ある大投手は一升瓶を指にはさんで持ち上げたらしーぜ！」[44]と、村田兆治のエピソードを紹介している。

さらに、『ダイヤのA』には、このような場面が描かれる。すなわち、打者の打球を内野手がダイビングキャッチしてセンター前ヒットになるのを防いで二塁にトスする。ギリギリのプレーになるために捕球した選手は体勢を崩し、その際二塁ランナーが三塁を回ってホームインしてサヨナラ勝ちをする……というシーンである。この一連の野球のプレーは、二〇〇六年のパ・リーグプレーオフ、日本ハムファイターズ対福岡ソフトバンクホークスの試合の最終局面を参考にしたものと思われる。[45]

また『GRAND SLAM』[46]では、また少し違ったやり方で、実在する選手と野球漫画の関わりを表現している。この漫画では、選手たちは「四スタンス理論」という体の使い方に基づいて練習していくことになるが、この「四スタンス理論」の提唱者として知られる廣戸聡一が技術協力者として名を連ねている。さて、漫画では「四スタンス理論」を紹介する際に、どのタイプがどのような身体の使い方をするのか、どういった特性があるのか、などと説明する。そして、その際には実在する有名な選手はどのタイプに属するか、と、まるで教則本のように書いてあるのである。

このほかにも、『DREAMS』[47]では、ストレートとフォークだけで抑える投手に対しては野茂英雄や佐々木主浩を引き合いに出し[48]、長身選手が登場した際にはダルビッシュ有と同じ身長である（したがって高身長である）と強調する[49]。このように、金田のエピソードとまではいかないまでも、ある種の同時代性がそこにはあるといえるだろう。

以上のように、野球漫画では実在する選手が重要な存在として描かれてきた。『巨人の星』や『ドカベン プロ野球編』では、実在する選手が漫画内に登場して重要な役割を担う。また、『ドカベン プロ野球編』以後では、現実世界の延長線としてエピソードや登場人物のすごさを際立たせるための例として用いられる。

いずれにしても、野球漫画で描かれる世界は、実在する選手がいる世界線であるということになるだろう。漫画としての独立した世界ではなく、現実にある延長線としての漫画の世界。そして、そのために実在選手が活用されるのである。

注

(1) 石子順造『戦後マンガ史ノート』(精選復刻紀伊国屋新書)、紀伊国屋書店、一九九四年、六六―六八ページ

(2) 前掲『戦後野球マンガ史』

(3) 同書一三ページ

(4) 同書一三ページ

(5) 同書一三ページ

(6) 同書一三ページ

(7) 斎藤次郎『子ども漫画の世界』(子どもの文化叢書)、現代書館、一九七九年、八一ページ

(8) 村上知彦「野球まんが――神話世界からのスポーツニュース」『プロ野球よ！――愛憎コラム集』所収、冬樹社、一九八五年、二三六―二三七ページ

(9) Jay David Bolter, Richard Grusin, *Remediation: Understanding New Media*, The MIT Press, 2000. ただし、本書で明らかにしているような、一つのコンテンツをめぐる多様なメディアからの検討はなされていない。

(10) 前掲『戦後野球マンガ史』一〇六ページ

(11) 同書一〇八―一〇九ページ

(12) 同書一〇九ページ

(13) 同書一〇九ページ

(14) 梶原一騎原作、川崎のぼる漫画『巨人の星』第十三巻(講談社コミックス)、講談社、一九六九年、

一六一―一六二ページ
(15) 梶原一騎原作、川崎のぼる漫画『巨人の星』第十七巻（講談社コミックス）、講談社、一九七一年、六九ページ
(16) 同書一〇八ページ
(17) 同書一〇八ページ
(18) 梶原一騎原作、川崎のぼる漫画『巨人の星』第十巻（講談社コミックス）、講談社、一九六九年
(19) 同書七七ページ
(20) 同書七八ページ
(21) 梶原一騎原作、川崎のぼる漫画『巨人の星』第十八巻（講談社コミックス）、講談社、一九七一年、三三ページ
(22) 梶原一騎原作、川崎のぼる漫画『巨人の星』第七巻（講談社コミックス）、講談社、一九六八年、一六五ページ
(23) 同書一六五ページ
(24) 梶原一騎原作、川崎のぼる漫画『巨人の星』第九巻（講談社コミックス）、講談社、一九六八年、一二二ページ
(25) 同書九六ページ
(26) 前掲『戦後野球マンガ史』一四二ページ
(27) 同書一四三ページ
(28) 伊集院光／水島新司「野球漫画家対談２　野球の神様、降臨す！」、伊集院光、岸川真編『球漫――野球漫画シャベリたおし！』所収、実業之日本社、二〇〇三年、一四一ページ

(29) 同対談一四二ページ
(30) 同対談一五三ページ
(31) 同対談一五三ページ
(32) 同対談一三六ページ
(33) 同対談一三六ページ
(34) 同対談一四九ページ
(35) 同対談一三二ページ
(36) 同対談一三七ページ
(37) 水島新司『ドカベン プロ野球編』第三十五巻（少年チャンピオン・コミックス）、秋田書店、二〇〇一年、カバー袖
(38) 梶原一騎原作、川崎のぼる漫画『巨人の星』第一巻（講談社コミックス）、講談社、一九六八年、八九ページ
(39) 前掲『巨人の星』第九巻、一〇四ページ
(40) 同書一六〇ページ
(41) 前掲「野球漫画家対談2 野球の神様、降臨す！」一五七ページ。なお、水島は漫画を描くことによってパ・リーグに多大な貢献をしていると認められ、一時期、例外的に肖像権料などを払うことなく実名選手を漫画内に登場させることが容認されていた。
(42)『MAJOR』（満田拓也、小学館、一九九四—二〇一〇年）の例のように、実在する選手の名前に近いものを用いて容姿まで寄せるケースもあるが、ほかにもたとえば『ROOKIES』（森田まさのり、集英社、一九九八—二〇〇三年）や後述する『ダイヤのA』（寺嶋裕二、講談社、二〇〇六—一五年）

などでは、元プロ野球選手の名字だけを用いるというケースも多数ある。
(43) ひぐちアサ『おおきく振りかぶって』第一巻(アフタヌーンKC)、講談社、二〇〇四年、五六ページ
(44) 寺嶋裕二『ダイヤのA』第六巻(講談社コミックス)、講談社、二〇〇七年、第四十四話、七三ページ
(45)「語り継がれるあのシーン2【2006年10月12日 プレーオフ第2ステージ第2戦 マウンドに崩れ落ちる斉藤投手】」「パ・リーグ.com」(https://pacificleague.com/video/100056)[二〇二三年十二月十五日]。寺嶋裕二『ダイヤのA』第二十二巻(講談社コミックス)、講談社、二〇一〇年、第八十九—九十話、一〇五—一三七ページ
(46) 河野慶『GRAND SLAM』全十四巻(ヤングジャンプ・コミックス)、集英社、二〇一一—一四年
(47) 七三太朗原作、川三番地作画『DREAMS』全七十一巻(講談社コミックス)、講談社、一九九六年—二〇一七年
(48) 七三太朗原作、川三番地作画『DREAMS』第六巻(講談社コミックス)、講談社、一九九七年、六七ページ
(49) 七三太朗原作、川三番地作画『DREAMS』第六十一巻(講談社コミックス)、講談社、二〇一二年、一五〇ページ

第6章　メディアによって展開される「野球」

1　野球選手のキャラクター化

本書ではここまで雑誌、テレビ、ゲーム、漫画という野球をめぐる様々なメディアを扱ってきた。それぞれのメディアには野球を伝える独自の方法があり、また当然ながら独自の歴史、独自の発展の過程がある。さらにときとして、そのメディア個別の発展だけにはとどまらず、ほかのメディアと影響を与え合う。本章では、ここまで扱ってきた問題をいま一度概観しながら、「野球をめぐるメディアの相互関係」についてあらためて考えていく。

第5章で取り上げた野球漫画は、実在する野球選手をキャラクターとして登場させていた。実在の選手を描く際には、メディアが表象する選手像を強調して描き、また、選手のフォームなどを再現する特徴があった。第1章で扱った野球雑誌でも、癖などに着目しながら野球選手を伝え、――写真やイラストなどによって――表象していた。

テレビの野球中継では、放送局の実況者や解説者が投球フォームに対して積極的に名付け、視聴者もそれを受容しながら言及していた。すなわち、解説や実況が選手のフォームを取り上げて「キャラクター化」するという構造がそこにはある。また、一般視聴者は、実在の選手に対して漫画のキャラクターと比較するようなコメントも残している。

もちろん、そうしたフォームに関する表象や言及は野球ゲームにもみられた。野球ゲームでは、キャラクターの顔のグラフィックを作成するよりも早く、様々なフォームで選手を、よりその選手らしくすることに傾倒していった。野球ゲームでも、数値やフォームから実在する特定の選手をプレーヤーに連想させるような設計は、ある種のキャラクター化とも捉えることができるだろう。

このように、野球選手を「キャラクター化」して見ることは様々なメディアでおこなわれている。こうしたキャラクター化の問題について、そこにはいったいどのような構造があるのか、もう少し深く考えてみよう。

キャラクター論は東浩紀、大塚英志、四方田犬彦などが詳細に論じてきているが(1)、本書ではそれらの内容については深く立ち入らない。あくまでも、野球選手がどのように「キャラクター化」されていったかについて、具体例を交えながら考察していく。

ジャーナリストでもある中野翠は選手のキャラクター化の傾向について、稲尾和久の「神さま、仏さま、稲尾さま」や、村山実の「ザトペック投法」、平山菊二の「塀際の魔術師」や榎本喜八の「安打製造機」、宮田征典の「八時半の男」、さらには村田兆治が日曜日に投げることからつけられた「サンデー兆治」というニックネームを例に出し、観客はそうしたあだ名を通して選手を愛した、と称賛する。一方で、近年の松井秀喜の「ゴジラ」や、佐々木主浩の「大魔神」、斎藤佑樹の「ハンカチ王子」などのニックネームに関しては、プレー由来ではなく、見た目からつけられたものだと非難したうえで、選手ではなくその「キャラクター」を愛しているかのようだ、と批判する。[2]つまり、こうしたキャラクター化の問題を推し進めるマスメディアに着目し、批判的な態度をとっているといえる。しかしながら、一方でこうしたキャラクター化は、必ずしもテレビの登場以降のものではない。すでに述べたように、大正時代でも雑誌では癖を通じて選手のキャラクター化が進んでいた。

また、ゲームでも、バッティングフォームやピッチングフォームによるキャラクター化が進んでいる。近年では顔のグラフィックなども進化していて、「デフォルメ化」された作品である『パワプロ』であっても、様々なパーツに分けて、選手の顔や体形を選択できるようになっている。このように、その選手らしさを出すことに余念がない。

しかしながら、そうした選手をキャラクター化する動きや観点には、スポーツ研究者、もしくはメディア研究者からは一定の批判の声が向けられている。たとえば蓮實重彥は、「運動の結果としての数字ばかりが流通する」[3]と指摘したうえで、「日本では、スポーツに関する新聞もテレビの報道は、「運動」を抑圧するものとして機能しています。これは、ジャーナリズムとして問題を含んでいるというにとどまらず、人間の生命に対する侮辱としか思えません」[4]とまで述べている。蓮實のこのような指摘は、ジャーナリズムが「記録」や「成績」あるいは「キャラクター化」を推し進め、また様々なメディアで運動が軽視され、選手像を前面に押し出すことを非難しているものだといえる。蓮實のような論者からすれば、選手をキャラクター化したり「結果」にすぎない成績を伝えるのではなく、スポーツの「動き」に着目せよ、ということになるだろう。

その一方で、中野の指摘はどうだろうか。中野は、いくつかの選手がキャラクター化される際のキャッチコピーを挙げている。たとえば、榎本喜八の「安打製造機」という例をみてみよう。これは、榎本が大量にヒットを量産することから名付けられたものだ。[5]しかしながら、一人間である選手を「機」とするのは、蓮實からすれば「人間の生命の侮辱」になるのではないか。同じように、村山実の「ザトペック投法」の「昭和二十七年のヘルシンキ・オリンピックでチェコスロバキア(当時)のザトペック選手が長距離走で大活躍し、「人間機関車」と言われた。それに似ているので「ザトペック投法」になった」という点もまた、人間の生命の侮辱ともとれるだろう。

それでは、「八時半の男」や「サンデー兆治」はどうだろう。蓮實の指摘に従うのであれば、「八時半」という数字、そして日曜日に投げるという規則性、すなわち数字も批判の対象になるだろう。もちろん、安打製造機という「量産」を意味付ける数的価値も批判の対象になる。中野は、プレーの仕方や癖などではなく、外見からつけられたニックネームを批判するが、プレーではなくあくまでもプレーの結果である「数字」からつけられたニックネームも、蓮實の立場では非難するべき対象になりえるのではないだろうか。確かに、「ハンカチ王子」をはじめとして、見た目の印象からキャラクター付けをすることは、スポーツであるにもかかわらずその本質であるプレーを見ていないという意味で問題がある。しかし、選手の「癖」を取り上げた「野球界」では、動きにも着目していた。また、野球中継では「フォーム」という「動き」から選手にニックネームをつけていた。選手のキャラクター化は、以上のように、運動の本質から逸れるものとして、ときとして批判の対象になる。確かに、キャラクター化を通じた捉え方では、野球の本質を捉えきることができるとは言いがたい。だが、その一方で、選手をキャラクター化する際は、例外もあるものの、基本的には癖をはじめとした選手の動きがその主要素にもなっている。たとえば、村田兆治であれば「サンデー兆治」以外に「マサカリ投法」というキャッチコピーだってある。すなわち、そこには運動の本質である象徴的な動きを捉え、そのうえで言語化や再メディア化するなかで誇張や発展がなされている。その本質には、やはりわずかながらでも動きがあるといえるだろう。

換言すれば、選手をキャラクターとしてしか見ないとしたら、それは野球を、プレーを見ているとはいえない。しかし、例外はあるものの、基本的に我々は野球のプレーを見ながら、選手をキャラクター化するのである。キャラクター化されたものしか見ないとしたら、それは倒錯的だといえるだろう。むしろキャラクター化を通して、動きに注目が集まっているともいうことができるだろう。

そう、我々はキャラクター化されたなかにも動きを見ている。次節では、メディアがどのように動きを伝えているのか、それを様々なメディアの影響関係からあらためて読み解いていく。

2　メディアを通して野球を観るということ

我々は野球をどのように観ているのか。再三指摘しているように、メディアを通して野球を観ている。野球中継の映像は多くの野球ファンが簡単に想像できるし、野球の多くはもはやメディアを通して見ているといっても過言ではない。

しかし、メディアを通して野球を観ることに対する批判もある。たとえば蓮實重彥は「現地での観戦」を至上とする立場を表明すると同時に、メディアでの観戦、主にテレビ中継を批判している。それは、「スポーツは圧倒的に「現在」の体験[6]」だからであり、「劇的な場面が起こっている場[7]」に立ち会うことが重要だからだという。渡部直己も、同様に球場で起こっている「事件」や「いま・ここ」性を重要視する[8]。

近年では、現地での生観戦であっても、グラウンドレベルから試合を観ることができる。それが、「エキサイトシート」と呼ばれるものだ。これは、ファウルグラウンド上に設置されたシートであり、カメラマンなどが撮影をする位置に近い。通常、球場では防球のためにネットを張っているが、このシートに限ってはネットもない。ところで、渡部直己は、テレビが登場して以降、テレビカメラの視点に近づくことを観客が求め、現地での観戦はそうしたテレビ中継の視点を「確かめにきているかのようなのだ[9]」と述べる。ここでいう、渡部の「テレビカメラの視点」とは旧来のものであることには注意する必要があるだろう。すなわち、渡部は「バックネット裏からの映像」を指していると思われる。そして、そうしたバックネット裏の「テレビカメラに近い視点」が最も高価な席だったという。だが、現在では「エキサイトシート」のほうが高価な席として売られている。一塁側エキサイトシートからでは、三塁手の動きなどは見えづらい側面もあるだろう。エキサイトシートでの観戦は渡部を中心にした論者たちが重要視した「〈いま・ここ〉[10]」に立ち会っている感覚を得られるものだろう。

また、蓮實は「人類は「運動」が嫌いなのであり、とりわけ日本のジャーナリストたちは、無意識のうちに「運動」が嫌いな人類の代表として振る舞ってしまうからです[11]」と述べている。「運動」を称揚する蓮實は、「映画は運動の体験にほかならず、映画批評のつとめは、その運動を擁護することにつきている[12]」としたうえで、同様に「スポーツは運動の体験にほかならず、スポーツ批評のつとめは、その運動をひたすら擁護することである[13]」る、と述べている。このように、蓮實が重要視するのがまさしく「動き」なのである。現地で観戦することを称揚する蓮實は、同時に「映像の動き」である「映画」をも称揚している。

確かに蓮實がいうように、マスメディアが伝える情報の多くは、数字によるものであることは否定できない。誰がホームランを何本打っただとか、防御率はどうだったかとか、そうしたことだけでは動きを捉えることはできないだろう。またマスメディアは、ときとして選手を「キャラクター化」し、「ドラマ」としてスポーツを語ることもある。しかしながら、野球中継の映像にも動きはあり、その動きから――蓮實がこだわった――野球の美を肯定的に見いだすこともできるのではないか。

いや、むしろ、スポーツの本質である「動き」を捉えるのであれば、すでに述べてきているようにメディアを通したほうがよく見えるのではないだろうか。またメディアは、「事件」を「事件」として認識できる。あるいは動きのすばらしさを何もわからない人々に伝える。それらを丁寧にこなうメディアは、必ずしも「運動嫌い」だとは思えない。むしろ、「運動」が好きだからこそ、メディアはそれぞれのやり方で運動を捉えようとしているのではないだろうか。視聴者、あるいはファンのなかには、「運動嫌い」の人もいるかもしれない。しかし、それでも野球を観る人々がいる。それは、「運動嫌い」なのではなく、むしろ「運動嫌い」になったのではないか。自身が理想の動きができないからこそ他者に理想的な動きを求め、それを追うためにメディアが発展していると考えることはできないだろうか。

蓮實がいうように、メディアは物事を「数値化」して伝えることがある。それは単純化であるともいえるのかもしれない。しかし、数値も有効である。時速何キロのボールが投げられたかということは、相対的に選手のすごさを伝えることにもつながる。また背番号がなければ、誰が何をしているかもわからないということになるかもしれない。初期の野球ゲームのように、成績やパラメーターがなければ、我々はそれを固有の人物とみなせないのではないか。本当に「動き」そのものを生で見たいのであれば草野球でもいい。しかし、草野球に多くの人が集まらないのは、メディアが数値を、あるいはストーリーを、キャラクターを伝えないからではないだろうか。知り合いの草野球ならまだ見るかもしれない、というのはまさしくキャラクターやストーリーを知っているからだろう。

確かに、動きを見ることは重要である。その一方で、ただただ純粋に身体の動きとプレーを見るという理由で、中南米の学生野球を現地に見にいく人がどれだけいるだろう。あるいは、純粋に身体の動きを見たいのであれば、野球である必要性はないだろう。野球というスポーツは複雑なルールに縛られ、また多くの数字や成績が出てしまうのだから。そうした数字や成績を楽しむのもまた野球の一部である。

3　展開される野球世界

現実でおこなわれている野球は、たびたび野球界と称される。野球界（あるいは球界）は、慣例的に、現実の野球に携わる人々という意味が強い。すなわち、プロ野球選手や高校野球選手、その指導者たちが、（野）球界というくくりで語られてきた。しかし、（野）球界には、実際に野球をプレーしたり指導したりする者以外にも、ある意味ここまで本書で取り扱ってきたような、野球を取り扱うメディアやファンも含まれるのではないか。

ファンやメディアは、野球選手や野球の指導者という野球界がなければ、当然存在しないものでもある。そうした野球自体とそれを取り巻くファン、メディアを含めたものを狭義の野球界と区別するために、また雑誌「野球界」と区別するために、野球世界という語でひとまず呼称しよう。

野球世界では何が起こっているのか。

まず現実の野球を中継するテレビ中継は欠かせない。テレビ中継では、現実におこなわれている野球の試合を中継する。テレビの画面には、主に投手と打者が映り、その対決の模様が伝えられる。同時に、実況者からは選手の記録やエピソード、解説者からは技術論が展開される。ときとして、そこでは選手に対してある種の「キャラクター化」がなされる。こうしたテレビの野球中継が、現在ではある種、野球世界の中心を担っているといえるだろう。

またすでに指摘したように、野球中継と野球ゲームの視覚構造には、類似している点が多くある。その理由は、そもそも、野球ゲームは野球中継の「模倣」としてつくられている面も大きいからだった。しかし、カメラの設置場所などの問題で野球中継では実現できないような視点を、野球ゲームはつくりだしていた。それが、「なりきりモード」と呼ばれるものであり、選手のやや後方からカメラが捉えたような視点を「選手視点」として提供しているものだった。こうした「選手視点」の映像は、第4章で取り上げた『実況パワフルプロ野球』シリーズだけではなく、『プロ野球スピリッツ』シリーズにも同様の視点がある。すなわち、ゲームならではの「選手の視点」を映像化していることになる。

さらに近年、「選手視点」により近いものが開発された。それが、バーチャルリアリティー（VR）技術によるものである。『実況パワフルプロ野球2018』からは、VR技術を利用したプレーができる。公式ウェブサイトによれば、「バッティング時には捕手視点、打席視点、ピッチング時には捕手視点、投手後方視点から選べ、見え方のサイズも選択可能[14]」であり、「リアルサイズを選択

図6-1　ゲームの漫画的な表現
（出典：『eBASEBALL パワフルプロ野球2022』コナミデジタルエンタテインメント、2022年）

すれば実際の球場のリアルな広さを体感することができる[15]」と記されている。ただ、この視点でも、先に述べた「なりきりモード」と同様に、主観になる人物の視点というよりはむしろ、そのやや後方からのぞくようになる。また、『パワプロ2018』では、「観戦モード」にもVRが実装されている。これについては「VR観戦では、バックネット裏をはじめとして、いろんな座席からの観戦が楽しめる[16]」とされていて、数カ所の観戦ポイントが設定されているはいるものの、VR世界で野球を観戦することができる。もちろん、「対戦」をする際でも、また「観戦」の場合でも、野球をプレーしているように見えるのは、『パワプロ』仕様の選手である。すなわち、ほとんど二頭身で関節などもないようなグラフィックが、バーチャルではあるものの「リアリティーがある」世界として描かれているのである。

　二〇二三年時点では、一般家庭でVR技術を通して現実のプロ野球中継を視聴することはできない。ゲームという仮想空間であるために、現実の中継よりもいち早くこうした技術を導入できているといえるだろう。そして、そのなかでも、実際の観戦と遜色ない視点がもたらされている。野球中継も、そうしたほかのメディアが進化する過程で独自の進化を遂げている。それが、第2章で述べた「審判カメラ」や「自由視点映像」である。

ほかにも近年の『パワプロ』シリーズには、ゲームならではといえる演出がある。それは、「ホームラン確定演出」とでもいうべきもので、ゲーム内の選手がホームランを打った際にまれにみることができる。こうした表現はテレビ中継では難しいだろう。打った瞬間にカメラを切り替えるのは困難だし、選手を近距離で撮ることも難しい。自由視点映像などであれば多少は可能であるものの、処理までに時間がかかってしまう難点がある。その点、ゲームであればボタンを押した瞬間に映像の視点を切り替えることができる。また、打った瞬間の打球音も「カッキーン」か「ガッツーン」というように文字で表現される。こうした表現は「漫画的」でもあり、テレビ中継で演出することはない（図6―1）。

図6-2　『ドカベン プロ野球編』に登場する紙面
（出典：水島新司『ドカベン プロ野球編』第28巻〔少年チャンピオン・コミックス〕、秋田書店、2000年、126ページ）

それでは、野球漫画は、ほかのメディアとどのような関係にあるのか。すでに指摘したように、野球漫画は、リアリティーを出すためにほかのメディアやマスコミをしばしば登場させる。

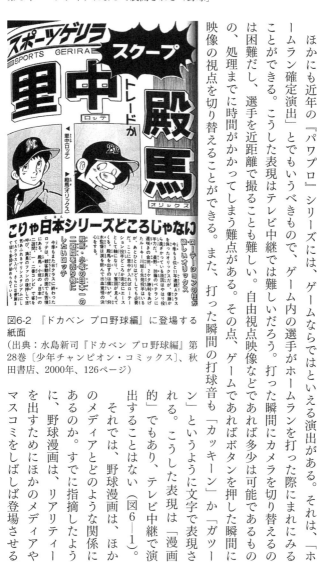

図6-3　特別中継される漫画の試合
（出典：水島新司『ドカベン プロ野球編』第6巻〔少年チャンピオン・コミックス〕、秋田書店、1996年、41ページ）

『巨人の星』はその特徴が顕著であり、過熱する報道に対して皮肉をいうような側面もみられた。一方で、『ドカベン プロ野球編』でも漫画上に新聞が登場し、記録の報道や選手の移籍に関する報道などを通してマスコミが過熱するシーンが散見される（図6―2）。

そうした新聞だけにはとどまらず、テレビとの関係性も両作品では描いてある。それは、たとえば実況や解説である。漫画のキャラクターが試合を解説することがたびたびある。テレビでの試合中継が、当たり前になされていた『巨人の星』での巨人戦とは異なり、『ドカベン プロ野球編』では、漫画キャラクターの登場などを通して、パ・リーグの報道が増えて「特別中継される」という描写まである[17]（図6―3）。

また、漫画内のキャラクターのセリフなどではない、「第三者の声」もある。それは、たとえば図6―4のようにテレビの実況や解説のようなセリフである。特別中継がなされたという描写がなくとも、そうしたセリフは散見される。こうした表現は、テレビやラジオ中継が前提になっていると考えられる。背景には、明らかにテレビやラジオの実況があると考えられるだろう。『ラストイニング[18]』や『ダイヤのA』をはじめとして、当該試合が中継されていないような多くの野球漫画でも同様の描写は多くみられる。読者としても、一部のセリフは「実況の音声」として再生されるのではないか。

野球中継を野球ゲームが解釈したり、あるいは漫画家が解釈する、というようにほかのメディアが野球を再構成し再構築すること、それは「再メディア化」という概念で考えることができるだろう。「再メディア化」とは、ジェイ・デイヴィッド・ボルターとリチャード・グルーシンによって定義付けられたものである[19]。彼らによれば、ほかのメディアの要素が異なるメディアに取り込まれることがあるという。なるほど、確かに、野球という一つのコンテンツに限ってみても、野球漫画に新聞が登場し、またテレビの要素がゲームに取り入れられるというような事例がみられる。

図6-4　『ドカベン　プロ野球編』での実況
（出典：水島新司『ドカベン　プロ野球編』第9巻〔少年チャンピオン・コミックス〕、秋田書店、1996年、21ページ）

しかし、彼らは、一つのコンテンツをめぐって多様なメディアから論じることはしていない。メディアミックスという形式では、一つのコンテンツをめぐって様々なメディアで展開されるという事例があるが、メディアミックスでは、コンテンツは基本的に仮想的な物語などであり、それが多様なメディアで展開される。しかし、野球世界では、メディアが野球を表象する際、現実の野球と仮想的な野球をリンクすることがたびたびある。

再メディア化は、いわば二次創作のようにしておこなわれることもある。野球は漫画やゲームで二次創作的に再び表現される。野球の試合は当然ながら球場でおこなわれているが、それらは生放送でテレビやラジオを通して伝えられる。また、その後、新聞などを通して情報が大衆に発信される。そして、そうした現実の情報を二次創作するようにして漫画やゲーム上で消費される。現実の選手は、マスメディアで情報として、「野球文化」として、また実際に存在しているという、まさにリアリティーがあるものとして漫画やゲーム上で描かれる。そのようにして、リアリティーあるものとして描かれたゲームがゲーム実況として、再生成される。さらには、逆転して、ゲームの要素がテレビに入り込む。そのとき、ゲーム実況者までもがテレビに巻き込まれる。そこでは現実と虚構が交差しながらも、一つのコンテンツをめぐる情報世界、すなわち野球世界を描き出している。

たとえば野球漫画のなかで、野球中継の音声は解説や実況、説明などとして機能する。それと同時に、メディアを通した野球の表象として成り立つ。また、読者もそうした野球中継の表現を受容している。同時に、作者も野球自体を表象しているというよりもむしろ、「メディアを通してみた野球」として野球漫画を描いていると考えられる。すなわち、こうした要素からして、野球漫画自体もまた、野球メディアの再メディア化だともいえるのである。

また、『パワプロ』シリーズでは漫画とのコラボレーションがおこなわれることがある。この際、漫画（『ダイヤのA』や『MAJOR』）の登場人物がゲームのキャラクターとして登場する。『パワプロ』シリーズには、「サクセス」というストーリーが用意されていることはすでに紹介したが、そのなかにはオリジナルのキャラクターも多くいる。そのため、パワプロオリジナルのキャラクターと漫画の登場人物が一緒に試合をする、あるいは漫画の登場人物とゲームのキャラクターが会話をする……などの展開もある。さらには、『パワプロ』シリーズには実在の選手も収録されている。つまり、ゲームのオリジナルキャラクターと漫画の登場人物、そして実在の野球選手がいる試合ということもできてしまう。

漫画やゲームでは、当然ながら、実在の選手もまたキャラクター化して描かれる。しかし、実際の野球中継でも解説者や実況者は選手の動きからキャラクター化を推進するような言説を残していた。そして、そうしたキャラクター化の根底には写真の問題がある。すなわち、第1章で論じた大正時代の雑誌「野球界」で取り上げられていた「癖」である。雑誌では、そうした癖が最も表出する場面を撮影することによって、また描くことによって、その選手らしさを伝えるべきだとしていた。他方で、テレビ中継の解説者や実況者は、そうした「癖」を誇張して選手をキャラクター化する。また、そのようにして伝えられた選手の静止画、もしくは音声を通してなされたキャラクター化が漫画やゲームでなされている。野球漫画では静止画として、また野球ゲームでは選手の特徴的なフォームを再現することによって、その選手らしさを表現している。換言するならばマスメディアのまなざしは、プレーの内容や選手の動きを通して選手の個性へと向かっている。それは、動きの「本質」を捉えようとした結果でもあるのではないだろうか。

メディアは、野球やその運動を捉えるために様々な努力をしている。それぞれのメディアは、独自の方法や観点で野球それ自体を捉えようとする。野球の動きを、あるいは野球世界を捉える様々なメディアがあるからこそ、野球は面白く、魅力的に映る。メディアが表象する野球世界を享受するものもまた、野球世界に属するファンであり、またほかのメディアでもある。そのようにして野球世界は拡大していく。

4 メディアで展開される野球

あらためて問おう。我々は、メディアを通して、どのように野球を捉えているのだろうか。この問題を考える際に重要になる技術の一つが、野球のテレビ中継に一九六八年に導入されたスローモーションである。

阿部公彦はスローモーションについて、「たった今生じた記念すべき瞬間を、オーラとともに華やかに再現する、いわば激情的な飾り立ての機能」[20]とその機能の重要性を説く。そのうえで、そうしたスローモーションの効果は、「独特の叙情性」[21]を与えるという。阿部は続けて以下のように述べる。

スポーツ中継は絶えず物語になろうとしている。スポーツ競技には、必ずしも画面には映し出されないような選手の前史を含め、さまざまなドラマの芽が潜みやすい。スローモーションが節目々々でそうした芽を大きく成長させ、物語として開花させる役割を持っているとするなら、とくにスポーツをめぐる言説のあり方に注目することで、スローモーションという方法のある重要な側面を明らかにすることができるのではなかろうか。(22)

以上の指摘からは、テレビ局が、スローモーションを通じて、野球をドラマとして仕立てることの重要性がうかがえる。もちろん、スローモーションは、ドラマや演出としての効果をもつ。だが、そうした効果は同時に、スローモーションだけのものというわけではない。ドラマ仕立てにするには、実況や解説による音声、さらにはキャラクター付けが不可欠で、それに伴いカメラがその選手にフォーカスを合わせ、さらにスイッチングによって映し出す必要がある。

阿部は、スローモーションを通してスポーツの本質にまで迫る。

そもそもスポーツは動きや速度を競うものである。が、そうしたものとは対極にあるきわめて静的な記録によってはじめてスポーツは意味や結果を与えられる。その逆説的な仕組みが、スポーツをいかに語るかという技術において鍵となる。動きを描写するだけでも、反対に、記録を並べるだけでも十分ではない。(23)

阿部は以上のように述べたうえで、スローモーションはレトリックの中枢だと述べる。だが、そうしたレトリックは、スローモーションという技法だけにとどまらない。すなわち、カメラアングルやスイッチングの問題もまた野球中継の重要なレトリックの一つである。そして、そうしたレトリックは同時に、映像だけではなく野球漫画などにまで波及する。
阿部は、「映像に限らずマンガや絵画などを含めた視覚芸術で我々はさまざまな「運動」を体験するが、同時にそれが決して「本当の運動」ではないことを知っている(24)」と述べている。確かに、映像には運動は映っているもののデジタル／アナログを問わず、そこには加工が含まれる。映像も、また漫画もそうした加工された運動である。それでは、スローモーションや映像としての運動と漫画での運動に、差異と共通点はあるのだろうか。
本書では第5章で野球漫画を取り上げた。一方で、漫画論として、布施英利は漫画の読み方について以下のように述べている。

文章を読む極意は、その「行間」を読み取ることにある、と言われる。その言い方にならえば、マンガでは、描かれた画面ではなく、コマとコマの間にある、いわば「コマ間」を読み取ることが肝心だ。画面には「ないもの」が見えたとき、マンガが分かり、笑えたり、ハラハラしたり、マンガの世界を堪能できる(25)。

なるほど、漫画の「コマ間」という概念は興味深い。布施は、そうした「コマ間」を文章と比較している。しかし、それは野球中継にも同様のことがいえる。漫画と野球中継をあえて比較するならば、野球中継には滝浪も指摘しているように、多くのカメラをスイッチングする技術が介在している。メイン視点がバックネット裏からではなくセンターカメラからの映像になったことによって、打者が打った瞬間、打球を追うためにカメラが切り替わる。そのとき、一瞬ではあるものの「間」が生まれる。その映像の間を、視聴者は脳内で、漫画と同様に補完しているのではないか。野球中継ではできない即座のスイッチングを、「間」があることで漫画では描くことができる。先に紹介したような実際にあった野球のプレーの野球漫画による再解釈は、その好例といえるだろう。

布施はまた同時に、「マンガは、それを読む「脳」が、マンガの世界を頭の中で組み立てて、初めて成立するのだ、と言える」[26]とも述べている。そして、コマ割りなどを含めた漫画でのキャラクターなどの動きを「物理的な動きではなく、心にもかかわる「動き」なのだ。それは、「感動」、「動揺」などという、心の回路への入り口でもある」[27]と結論づける。しかしながら、「感動」や「動揺」は、野球中継の映像でも捉えられている。現代の野球中継では、多くのカメラを使用してスイッチングをしながら表情や動きを捉える。そして、漫画の「セリフ」のようにして、実況や解説が選手の心境をドラマとして仕立て上げる。ときとして選手にキャラクター付けをし、またときとして選手のバックグラウンドを紹介する。

また、「スローモーション」の効果を用いながら映像間を補完するということもある。そこであらためて、阿部の論考をみてみよう。

スローモーション映像を通して我々は束の間、あらためて「本当の運動」に立ち向かうような気にもなる。それはスローモーションの微分性に伴う「よりよく見る」という視覚的仕草が、運動に対する究明的で「まじめ」な態度を錯覚させるからである。スローモーション映像に対して我々は、凝視的かつ前のめりなのである。そこには、運動に対するほとんど信仰に近いような憧れと敬意さえ伴うと言えるだろう。(28)

「運動に対する信仰と憧れと敬意」とは、蓮實の立場と同様だといえる。蓮實は「美しい運動」への憧れと敬意をもちながらも、そうした運動を捉えることがないマスメディアを批判する。一方で、阿部は運動に対する信仰と憧れ、そして敬意を、「スローモーション映像」というマスメディアがつくりだす映像に見いだす。「スローモーション」の映像やテレビでの情報を通して、我々は確かに運動を「よく観る」ことができる。球場での観戦ではよく見えない選手の表情や動きの一つひとつ、ボールの行方までをテレビはカメラを通した情報と映像によって伝える。我々は映像での運動を捉えるのと同じように、マスメディアを通して映像と運動を捉えているのではないか。そして、当然ながら、それは現地で観戦するものとは異なる運動だろう。だからこそ、メディアスポーツという概念が必要になる。

ここまで、本書では、野球をめぐる様々なメディアの展開や歴史、その特性や独自性を論じてきた。そこには、野球を伝えようとする努力があった。大正期の雑誌「野球界」では、選手の癖やキャラクター化を通して、動きを捉えることで野球をより楽しめるように推奨していた。また、漫画やゲームであれば、よりリアリティーをもたせるために、ほかのメディアや実在選手を介在させる工夫がなされていた。テレビ中継も、技術革新やカメラの台数の増設などを通して、様々な動きに対応できるように発展していた。スローモーションの機能は、運動の時間を分割化して人々に伝える。他方で、カメラの台数が増えるということは、多くの空間から運動を捉えるようになることだともいえる。選手のキャラクター化もまた、野球を捉える一つの方法だろう。そのようにして、メディアスポーツとしての野球の発展を、様々なメディアを取り上げながら多角的に論じてきた。しかしながら、結局のところメディアは野球を表象しきれていないことになる。野球を伝えるためにメディアは工夫し発展しながらも、野球を捉えきれていない。

では、野球の何を、メディアは伝えているのだろうか。スポーツの本質が現地でみる動きなのであれば、あくまでもメディアが伝えているのは、その本質ではなく別の側面になる。すなわち、メディアが何かしらの情報を編集しカットして伝えているのは野球の一部ということになるだろう。だが、現地での観戦だったとしても、すべての動きを同時に捉えることはできない。つまり、現地で観戦することでしか経験できない動きをみることの重要性を称揚したいのであれば、同時にメディアを通すことでしか経験できないスポーツの観戦体験があるということを認めなければならない。蓮實らがメディアを通した野球観戦には内在しないとした部分が、しかしメディアが伝える野球にはあるということは考えられるだろう。メディアを通した野球観戦や漫画やゲームで野球を体験することにこそ宿る魅力や性質がある。本書では、そうした点を明らかにしてきたといえるだろう。

すなわち、現地で観戦するのとは違う側面を、メディアを通した野球は提供しているのである。メディアスポーツ論で論じているように、現地での観戦とは異なるものとしてみるべきものである。しかしながら、同様の試合であり、同様のスポーツであることには変わりがない。それでも異なった視点のスポーツ、すなわち、同じでありながら差異がある存在としてのメディアスポーツという観点の重要性と特異性を指摘してきた。凡庸な言い方をするならば、現地で動きを追うような観戦とは違うスポーツの楽しみ方があっていい。それは、メディアを通して動きを観戦する、ということでもありえる。また、メディアを通して応援すること、スポーツ選手のキャラクターを享受することも含まれる。すなわち、メディアを通したものを含む野球世界を描き出し、それを受容する態度が必要なのである。

ときとして、メディアがほかのメディアを批判することもある。そこでは主に報道の過熱やキャラクター化、選手を「メディア仕立て」にすることを批判している。いずれにせよ、つまりは「運動を捉えていない」ことを批判している。しかし、逆説的に考えれば、批判しているメディアの側には、運動を「捉えよう」とする試みがある。捉えようとしながらも捉えきれず、だからこそまた捉えようとする。先にも指摘したように、野球を捉えられないながらも、様々なメディアが野球を表象する。それぞれの特性がありながらも、現地で観戦する野球とは異なるモードを提供している。

現地での観戦を至高とするのではなく、同様にメディアスポーツを享受して研究していく必要がある。応援文化を否定はできないのと同じように、メディアでのスポーツ観戦も否定することはできない。むしろ、ある一面では、メディアを通したほうがスポーツを応援することに適する場合があり、またある一面では、スポーツの動きを見て取ることに関しても、メディアを通したほうが適切な場合がある。現地での観戦とは異なる「メディアスポーツ」を通してこそ得られる経験のすばらしさがそこにはある。複数のカメラによって捉えられる多角的な映像やスローモーションもまた、そうした要因の一部である。

村上知彦は、野球漫画に対して野球世界を再構成・再構築しているからこそ称揚した。しかし、それは野球漫画に限らずあらゆるメディアにいえる営みである。すなわち、メディアは、常に野球それ自体を様々な手法で再構成・再構築し、そのたびに野球世界をつくっている。野球自体ではなく、再構成・再構築された野球であるために、その本質を表象することはできない。そしてときにそれはメディアを超えて「再メディア化」されもする。

野球自体は、現地で観戦をしても、プレーをしても、あるいはメディアを通して観ても、捉えることはできない。むしろ捉えられず、捉えきれないからこそ、捉えようとする。各メディアは野球を捉えようとする試行錯誤を繰り返し、それによって「観る野球」としての野球文化、すなわち野球視覚文化が成立し、発展しているといえるだろう。その恩恵を享受しながら、メディアという「特等席」に座って野球を眺めようではないか。

注

(1)例えば以下を参照。東浩紀『動物化するポストモダン――オタクから見た日本社会』(講談社現代新書)、講談社、二〇〇一年、大塚英志『物語消費論――「ビックリマン」の神話学』(ノマド叢書)、新曜社、一九八九年、四方田犬彦『「かわいい」論』(ちくま新書)、筑摩書房、二〇〇六年

(2)中野翠『斎藤佑樹くんと日本人』(文春新書)、文藝春秋、二〇〇七年、二九―三二ページ

(3)蓮實重彦「スポーツ批評宣言あるいは運動の擁護に向けて」『スポーツ批評宣言あるいは運動の擁

護』所収、青土社、二〇〇四年
(4)同書三九ページ
(5)現代でも、ヒットを多く放つ選手はたびたび「安打製造機」と名指されるほどに、一種の「定型文」のようにもなっている。『実況パワフルプロ野球』シリーズでも、「安打製造機」が特殊能力の名称として用いられているほどである。
(6)蓮實重彥/渡部直己「あえていまこそ正論を――渡部直己との対話3」、前掲『スポーツ批評宣言あるいは運動の擁護』所収、一八六ページ
(7)草野進/蓮實重彥/渡部直己「プロ野球症候群」、前掲『プロ野球よ!』所収、二二〇ページ
(8)渡部直己「反テレヴィ論――残酷な明視に耐えてこそプロである」、草野進編『プロ野球批評宣言』所収、冬樹社、一九八五年、七一―八六ページ
(9)同論考八四ページ
(10)同論考八四ページ
(11)前掲「スポーツ批評宣言あるいは運動の擁護に向けて」一一ページ
(12)前掲「あえていまこそ正論を」一八七ページ
(13)同対談一八七ページ
(14)「モード 対戦」「実況パワフルプロ野球2018」(https://www.konami.com/pawa/2018/mode/game)[二〇二三年九月二十六日アクセス]
(15)同ウェブサイト
(16)同ウェブサイト
(17)水島新司『ドカベン プロ野球編』第六巻(少年チャンピオン・コミックス)、秋田書店、一九九六

年、四一ページ
(18)中原裕作画、神尾龍原作、加藤潔監修『ラストイニング——私立彩珠学院高校野球部の逆襲』全四十四巻(ビッグコミックス)、小学館、二〇〇四—一四年
(19)Bolter, Grusin, *op. cit.*
(20)阿部公彦『スローモーション考——残像に秘められた文化』南雲堂、二〇〇八年、二九ページ
(21)同書二九ページ
(22)同書三〇ページ
(23)同書三四ページ
(24)同書五一ページ
(25)布施英利『マンガを解剖する』(ちくま新書)、筑摩書房、二〇〇四年、六四ページ
(26)同書七〇ページ
(27)同書一四六ページ
(28)前掲『スローモーション考』五二ページ

参考文献一覧

Bolter Jay David, Grusin Richard, *Remediation: Understanding New Media*, The MIT Press, 2000.

東浩紀『動物化するポストモダン――オタクから見た日本社会』（講談社現代新書）、講談社、二〇〇一年

阿部公彦『スローモーション考――残像に秘められた文化』南雲堂、二〇〇八年

有山輝雄『甲子園野球と日本人――メディアのつくったイベント』（歴史文化ライブラリー）、吉川弘文館、一九九七年

アルツ鈴木「野球ゲーム「対戦」必勝法」、いとうせいこう監修『ゲーマーハンドブック――「ＴＶゲームワールド」冒険の手引き』所収、ネスコ、一九八九年

飯田豊『テレビが見世物だったころ――初期テレビジョンの考古学』青弓社、二〇一六年

石子順造『戦後マンガ史ノート』（精選復刻紀伊国屋新書）、紀伊国屋書店、一九九四年

伊集院光／水島新司「野球漫画家対談2 野球の神様、降臨す！」、伊集院光、岸川真編『球漫――野球漫画シャベリたおし！』所収、実業之日本社、二〇〇三年

伊藤ガビン「パワー（じゆう）をわれらに」、ボストーク／福田幹編『BIT GENERATION 2000 テレビゲーム展』所収、神戸ファッション美術館／水戸芸術館現代美術センター、二〇〇〇年

伊良部秀輝／吉井理人『最新最強のピッチングメカニクス――身体能力を120％発揮する投球フォームのしくみ』永岡書店、二〇一〇年

梅原猛／小松左京／多田道太郎『野球戯評』講談社、一九七九年

大塚英志『物語消費論――「ビックリマン」の神話学』（ノマド叢書）、新曜社、一九八九年

岡田光弘「スポーツ実況中継の会話分析」、橋本純一編『現代メディアスポーツ論』（Sekaishiso seminar）所収、世界思想社、二〇〇二年

小倉伸一編著『スポーツ用語辞典 改訂版』三修社、二〇一一年

鬼丸正明「メディアスポーツと映像分析――予備的考察」、一橋大学スポーツ科学研究室編「一橋大学スポーツ研

究」第二十四号、一橋大学スポーツ科学研究室、二〇〇五年
鬼丸正明「メディア論の現状とスポーツ理論の課題」「研究年報」一橋大学スポーツ科学研究室、一九九六年
小野憲史「ゲーム機の進化における野球ゲームの映像演出」、東京都写真美術館企画・監修『ファミリーコンピュータ1983-1994』所収、太田出版、二〇〇三年
梶原一騎原作、川崎のぼる漫画『巨人の星』（講談社コミックス）、講談社、一九六八―七一年
勝部篤美『スポーツの美学』杏林書院、一九七二年
川喜田尚「多チャンネル時代のスポーツ専門放送」、黒田勇編著『メディアスポーツへの招待』所収、ミネルヴァ書房、二〇一二年
河野慶『GRAND SLAM』（ヤングジャンプ・コミックス）、集英社、二〇一一―一四年
神原直幸『メディアスポーツの視点――擬似環境の中のスポーツと人』学文社、二〇〇一年
橘川武郎／奈良堂史『ファンから観たプロ野球の歴史』日本経済評論社、二〇〇九年
草野進／蓮實重彥／渡部直己「プロ野球症候群」『プロ野球よ！――愛憎コラム集』所収、冬樹社、一九八五年
近藤英男「スポーツ美学とは何か――スポーツ美学の現代的意義」、体育原理研究会編『スポーツ美学論』（「体育の原理」第十号）所収、不昧堂出版、一九七六年
斎藤次郎『子ども漫画の世界』（子どもの文化叢書）、現代書館、一九七九年
佐藤彰宣『スポーツ雑誌のメディア史――ベースボール・マガジン社と大衆教養主義』勉誠出版、二〇一八年
清水泰生／岡村正史／梅津顕一郎／松田恵示「スポーツとことば――「古舘伊知郎」とスポーツ実況」、日本スポーツ社会学会編「スポーツ社会学研究」第十四号、日本スポーツ社会学会、二〇〇六年
陣内正敬「高校野球・選手宣誓の時代性」「九州大学言語学論集」第三十二号、九州大学大学院人文科学研究院言語学研究室、二〇一一年
菅野真二『ニッポン野球の青春――武士道野球から興奮の早慶戦へ』大修館書店、二〇〇三年
高井昌史「メディアの中のスポーツと視聴者の意味付与――高校野球を事例として」、日本スポーツ社会学会編「スポーツ社会学研究」第九号、日本スポーツ社会学会、二〇〇一年

高橋豪仁『スポーツ応援文化の社会学』(Sekaishiso seminar)、世界思想社、二〇一一年
滝浪佑紀「テレビにおける野球中継の分析――映画との比較から」、東京大学大学院情報学環編「情報学研究――東京大学大学院情報学環紀要」第八十六号、東京大学大学院情報学環、二〇一四年
田代正之「中等学校野球の動向からみた「野球統制令」の歴史的意義」「スポーツ史研究」第九号、スポーツ史学会、一九九六年
田中モトユキ『最強！都立あおい坂高校野球部』(少年サンデーコミックス)、小学館、二〇〇五―一〇年
寺嶋裕二『ダイヤのA』講談社、二〇〇六年―二三年
ドゥルー、シェリル・ベルクマン『スポーツ哲学の入門――スポーツの本質と倫理的諸問題』川谷茂樹訳、ナカニシヤ出版、二〇一二年
飛田忠順『ベースボール 外野及び練習篇』実業之日本社、一九二八年
鳥越規央／データスタジアム野球事業部『勝てる野球の統計学――セイバーメトリクス』(岩波科学ライブラリー)、岩波書店、二〇一四年
中井正一、久野収編『中井正一全集 第一巻――哲学と美学の接点』美術出版社、一九八一年
中野翠『斎藤佑樹くんと日本人』(文春新書)、文藝春秋、二〇〇七年
中原裕作画、神尾龍原作、加藤潔監修『ラストイニング――私立彩珠学院高校野球部の逆襲』(ビッグコミックス)、小学館、二〇〇四―一四年
中村哲也「「野球統制令」と学生野球の自治――一九三〇年代における東京六大学野球を中心に」「スポーツ史研究」第二十号、スポーツ史学会、二〇〇七年
七三太朗原作、川三番地作画『DREAMS』(講談社コミックス)、講談社、一九九六年―二〇一七年
日本放送協会編『20世紀放送史』上、日本放送出版協会、二〇〇一年
根岸貴哉／枝木妙子「アート・リサーチセンター所蔵友禅図案の〈野球柄〉についての考察」「アート・リサーチ」第十六号、立命館大学アート・リサーチセンター、二〇一六年
野村克也『エースの品格――一流と二流の違いとは』(小学館文庫)、小学館、二〇一〇年

橋本純一編『現代メディアスポーツ論』(Sekaishiso seminar)、世界思想社、二〇〇二年
橋本一夫『日本スポーツ放送史』大修館書店、一九九二年
蓮實重彥「スポーツ批評宣言あるいは運動の擁護に向けて」『スポーツ批評宣言あるいは運動の擁護』所収、青土社、二〇〇四年
蓮實重彥/渡部直己「あえていまこそ正論を――渡部直己との対話3」、蓮實重彥『スポーツ批評宣言あるいは運動の擁護』所収、青土社、二〇〇四年
早川武彦「〝メディアスポーツ〟その概念について――スポーツの本質にねざすメディアスポーツ論に向けて」、一橋大学スポーツ科学研究室編「一橋大学スポーツ研究」第二十四号、一橋大学スポーツ科学研究室、二〇〇五年
春木有亮「「恰好」から「かっこいい」へ――適合性 suitability の感性化」、北見工業大学編「人間科学研究」第十三号、北見工業大学、二〇一七年
ひぐちアサ『おおきく振りかぶって』(アフタヌーンKC)、講談社、二〇〇三年―
布施英利『マンガを解剖する』(ちくま新書)、筑摩書房、二〇〇四年
『プロ野球勝利の投球――連続写真で見る:往年の大投手から将来の名投手まで、球史に残る70投手』ベースボール・マガジン社、二〇一二年
寶學淳郎「スポーツとメディア――その歴史・社会的理解」、橋本純一編『現代メディアスポーツ論』(Sekaishiso seminar)所収、世界思想社、二〇〇二年
前川修「アマチュア写真論のためのガイド」、青弓社編集部編『写真空間1』所収、青弓社、二〇〇八年
松尾知之/平野裕一/川村卓「投球動作指導における着眼点の分類と指導者間の意見の共通性――プロ野球投手経験者および熟練指導者による投球解説の内容分析から」「体育学研究」第五十五巻第二号、日本体育学会、二〇一〇年
松尾知之/平野裕一/川村卓「発話解析から探る欠陥動作の連関性――投球解説の発話共起度によるデータマイニング」「体育学研究」第五十八巻第一号、日本体育学会、二〇一三年
松本健太郎「スポーツゲームの組成――それは現実の何を模倣して成立するのか」、日本記号学会編『ゲーム化する

世界――コンピュータゲームの記号論』（叢書セミオトポス）所収、新曜社、二〇一三年
水島新司『ドカベンプロ野球編』（少年チャンピオン・コミックス）、秋田書店、一九九五―二〇〇四年
三井宏隆／篠田潤子『スポーツ・テレビ・ファンの心理学――スポーツが変わる、スポーツを変える、世界が変わる』ナカニシヤ出版、二〇〇四年
満田拓也『MAJOR』小学館、一九九四―二〇一〇年
村上知彦「野球まんが――神話世界からのスポーツニュース」『プロ野球よ！――愛憎コラム集』所収、冬樹社、一九八五年
森高夕次原作、アダチケイジ漫画『グラゼニ』（モーニングKC）、講談社、二〇一一―一四年
森田まさのり『ROOKIES』集英社、一九九八―二〇〇三年
山際淳司「江夏の21球」『スローカーブを、もう一球』（角川文庫）、角川書店、一九八五年
山口誠「「メディアの野球」の歴史に見る可能性と課題」、黒田勇編著『メディアスポーツへの招待』所収、ミネルヴァ書房、二〇一二年
山本浩「スポーツ実況論」、黒田勇編著『メディアスポーツへの招待』所収、ミネルヴァ書房、二〇一二年
ユール、イェスパー『ハーフリアル――虚実のあいだのビデオゲーム』松永伸司訳、ニューゲームズオーダー、二〇一六年
吉田寛「ビデオゲームの記号論的分析――〈スクリーンの二重化〉をめぐって」、日本記号学会編『ゲーム化する世界――コンピュータゲームの記号論』（叢書セミオトポス）所収、新曜社、二〇一三年
米沢嘉博『戦後野球マンガ史――手塚治虫のいない風景』（平凡社新書）、平凡社、二〇〇二年
四方田犬彦『「かわいい」論』（ちくま新書）、筑摩書房、二〇〇六年
渡部直己「反テレヴィ論――残酷な明視に耐えてこそプロである」、草野進編『プロ野球批評宣言』所収、冬樹社、一九八五年
綿貫慶徳「近代日本における職業野球誕生に関する史的考察――新聞社主催による野球イベントの分析を中心として」「スポーツ史研究」第十四号、スポーツ史学会、二〇〇一年

初出一覧

序　章　書き下ろし
第1章　口頭発表「雑誌「野球界」における野球表象」大正イマジュリィ学会、二〇一七年
第2章　査読論文「メディアスポーツ「野球」におけるカメラアングルの変遷」「Core Ethics」第十三号、立命館大学大学院先端総合学術研究科、二〇一七年
第3章　査読論文「野球実況におけるピッチングフォーム批評」「スポーツ言語学研究」第一号、スポーツ言語学会、二〇一六年
第4章　査読論文「野球のデジタルゲームの展開と構造」「Core Ethics」第十四号、立命館大学先端総合学術研究科、二〇一八年
第5章　書き下ろし
第6章　書き下ろし

あとがき

子どものころ、週末になると祖父母の家に一族が集まることになっていた。テレビでは野球中継が流れている。食卓には祖母がつくった料理が並んで、部屋の片隅に置かれたラジオからも野球中継が流れている。テレビ画面で選手が打つほんの少し前に、ラジオの音声がネタバレをしてくる。

母は野球界の「ミーハー」で、若いころは高校野球選手を観に、神奈川県から甲子園や好きな選手がいる四国の高校にまで行っていたらしい。叔母にあたる母の妹もそれについていっていたという。祖父は典型的な巨人ファンで、昔は「昭和三十三年、栄光の巨人軍に入団以来、今日まで十七年間、巨人ならびに長嶋茂雄のために、絶大なるご支援をいただきまして、まことに、ありがとうございました」という語りから始まる「長嶋茂雄の引退スピーチ」のレコードがずっと家のなかで流れていたらしい。祖父が亡くなった際には、そのスピーチをもじって、「昭和××年、□□町に生まれて以来、今日まで○○年間、△△家ならびに◇◇のために、絶大なるご支援をいただきまして、まことにありがとうございました。振り返れば」という書き出しの文を会葬礼状にした（さすがに故人を「永久に不滅」とするのはマズいのでしなかった）。そんなコアな野球ネタを、母や叔母を含めた親戚全員、さらには参列者の多くがわかるのだから驚きだ。

「野球一家」という表現をすると、野球選手や野球をプレーする者が多い一家だと思われるかもしれない。しかし、この親族たちのほとんどは（筆者も含めて）野球をプレーしていなかった。それでも、食卓と話題の中心には常に野球があった。そういった意味では「野球一家」であり、「野球一家団欒」だったともいえるだろう。

そんな環境にいたから野球を観ることはいつしか当たり前になっていて、引きこもって野球を観ることにのめり込んだのも必然だったのではないかと思う。一時期はテレビを通して年間五百試合近く見ていたのではないだろうか。気がつけば、野球をしない野球オタクになっていた。まずは引きこもって野球を観ることを容認し、支えてくれた両親をはじめとした「野球一家」に感謝を。

「大学にいきたい」と思ったのは、國學院大學のオープンキャンパスで谷川渥先生の模擬授業を受講してのことだった。進学し、いざ卒業論文を見せる際、谷川先生に知識で上回ることができるのは野球しかないと思い、「野球の美学」のような卒業論文を執筆した。思いのほか「ウケ」がよく、その結果、大学院進学を決意することになるのだが、そうしたきっかけを与えてくれた谷川先生には感謝してもしきれない。

大学院進学後は、立命館大学大学院先端総合学術研究科で「研究とは何か」を一から学ばせていただいた。ただの「野球オタク」から「野球研究者」へと転身する過程では、先端研の先生方に大変お世話になった。とくに、千葉雅也先生は親身になって研究のアドバイスをくださり、ときに道を指し示してくれた。その後、論文をいくつか提出して「野球研究者」になりかけていたころ、次年度には吉田寛先生が異動すると知る。そこでどうしても先生を主査にしたいと思い、急遽書き上げたのが二〇一九年に立命館大学に提出して受理された博士論文「野球視覚文化論」である。本書は、この博士論文を大幅に加筆・修正したものである。

幸い博士課程修了に必要な条件はクリアしていたため、結果的に一貫制博士課程を五年で駆け抜けることになった。吉田先生には、ドタバタながらも博士論文を書くきっかけとご指導をいただいた。吉田先生でなかったら、短期間で博士論文を書くことは（でき）なかったと思う。この場を借りてあらためて感謝を申し上げる。

また、副査を務めていただき、貴重なご意見をくださった木村覚先生、小泉義之先生、竹中悠美先生にも感謝の意を表したい。そのほか、春木有亮先生をはじめサポートしてくれた先生方や関わってくれた方々、そして青弓社の矢野未知生氏にも、お礼の意を伝えたい。

また、博士論文執筆当時やそれぞれの論文を発表した時点とは状況が変わっていることもあるため、そのあたりは念入りに調べなおして修正しているつもりではあるが、至らない点もあると思う。最後までお読みくださった読者にも、深くお礼を申し上げる。

なお、本書の刊行は立命館大学大学院先端総合学術研究科の出版助成制度を利用している。

＊

さて、そろそろ野球が始まる時間だ。筆をおくことにしよう。

二〇二四年二月

［著者略歴］
根岸貴哉（ねぎし たかや）
神奈川県生まれ
博士（学術）。立命館大学大学院先端総合学術研究科一貫制博士課程修了
専攻は野球史、メディア論、視覚文化論、ゲーム研究
論文に「野球実況におけるピッチングフォーム批評」（「スポーツ言語学研究」第1号）、「ゲーム、実況者、視聴者の関係性からみるゲーム実況生放送の構造」（「REPLAYING JAPAN」第5号）など

野球《やきゅう》のメディア論《ろん》　球場の外でつくられるリアリティー

発行――2024年3月8日　第1刷
定価――2400円＋税
著者――根岸貴哉
発行者――矢野未知生
発行所――株式会社青弓社
〒162-0801 東京都新宿区山吹町337
電話 03-3268-0381（代）
http://www.seikyusha.co.jp
印刷所――三松堂
製本所――三松堂

ISBN978-4-7872-3534-3　C0036

永田大輔／近藤和都／溝尻真也／飯田 豊

ビデオのメディア論

1960年代から広がり、その後爆発的に普及したビデオ。放送技術、教育、アニメ、レンタルなどの事例から、映像経験を大きく変えたビデオの受容過程と社会的意義を明らかにする。　定価1800円＋税

飯田 豊

テレビが見世物だったころ

初期テレビジョンの考古学

戦前の日本で多様なアクターがテレビジョンに魅了され、社会的な承認を得ようと技術革新を目指していた事実を照らし出し、忘却されたテレビジョンの近代を跡づける技術社会史。　定価2400円＋税

東原文郎

就職と体育会系神話

大学・スポーツ・企業の社会学

体育会系の学生は、就職活動で本当に有利なのか。歴史と統計、当事者の語りを読み解きながら、「体育会系神話」の実態とそれを成立させる構造のダイナミズムを描き出す。　定価2400円＋税

中澤篤史

運動部活動の戦後と現在

なぜスポーツは学校教育に結び付けられるのか

日本独特の文化である運動部活動の内実を捉えるべく、歴史をたどり教師や保護者の声も聞き取って、スポーツと学校教育の緊張関係を〈子どもの自主性〉という視点から分析する。　定価4600円＋税